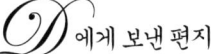에게 보낸 편지

Lettre à D.
Histoire d'un amour by André Gorz

Copyright ⓒ ÉDITIONS GALILÉE 2006
Korean Translation Copyright ⓒ HAKGOJAE PUBLISHING CO. 2007

This Korean edition was published by arrangement with Éditions GALILÉE through Sibylle Books Literary Agency, Seoul

이 책의 한국어판 저작권은 시빌에이전시를 통해
프랑스 GALILÉE사와 독점계약한 도서출판 학고재에 있습니다.
저작권법에 의해 한국 내에서 보호받는 저작물이므로 무단 전재 및 무단 복제를 금합니다.

D에게 보낸 편지
ⓒ 앙드레 고르, 2007

초판 1쇄	2007년 11월 27일
초판 14쇄	2023년 2월 1일

지은이	앙드레 고르
옮긴이	임희근
펴낸이	박해진
펴낸곳	도서출판 학고재

등록	2013년 6월 18일(제2013-000186호)
주소	서울시 마포구 새창로 7(도화동) SNU장학빌딩 17층
전화	02-745-1722(편집) 070-7404-2810(마케팅)
팩스	02-3210-2775
전자우편	hakgojae@gmail.com
페이스북	www.facebook.com/hakgojae

ISBN 978-89-5625-064-9 03860

이 책은 저작권법에 의해 보호를 받는 저작물입니다.
이 책에 수록된 글과 이미지를 사용하고자 할 때에는 반드시 저작권자와
도서출판 학고재의 서면 허락을 받아야 합니다.

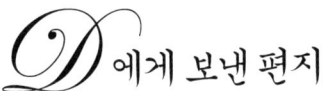에게 보낸 편지

앙드레 고르 | 임희근 옮김

학고재

● 표시는 옮긴이의 주입니다.

© Suzi Pillet 1948

당신은 곧 여든두 살이 됩니다. 키는 예전보다 6센티미터 줄었고, 몸무게는 겨우 45킬로그램입니다. 그래도 당신은 여전히 탐스럽고 우아하고 아름답습니다. 함께 살아온 지 쉰여덟 해가 되었지만, 그 어느 때보다도 더, 나는 당신을 사랑합니다. 내 가슴 깊은 곳에 다시금 애타는 빈자리가 생겼습니다. 오직 내 몸을 꼭 안아주는 당신 몸의 온기만이 채울 수 있는 자리입니다.

  당신에게 이 몇 마디를 꼭 한 번 전하고 싶었습니다. 얼마 전부터 나를 힘들게 하는 몇 가지 의문들로 들어가기 전에 말입니다.

내 인생에서 가장 중요한 것이 우리의 인연이었는데 당신은 왜 내 글 속에 그리도 등장하지 않은 것인지. 어째서 나는 내 책 『배반자』*에서 당신을 표현할 때 당신의 진면목을 왜곡하는 그릇된 이미지를 보여준 것인지. 당신에게로 온통 빨려드는 내 마음이 나를 다시 살고 싶게 만든 결정적 전환점이었음을 그 책은 보여주어야 했습니다. 그렇다면 그 책을 쓰기 7년 전에 시작된 우리의 경이로운 사랑 이야기가 왜 책에는 없는 걸까요? 당신의 어떤 점에 내가 반해버렸는지를 왜 얘기하지 않았을까요? 왜 나는 당신을 "아는 사람 하나 없고, 프랑스어라고는 한마디도 못하는, 내가 없었다면 망가져버렸을" 가련한 존재로 소개했을까요?

사실 당시 당신은 친한 친구들의 모임도 있고 로잔의 한 극단 단원이었으며 영국에서는 당신과 결혼할 마음을 먹은 남자가 기다리고 있는 상황이었는데 말입니다.

나는 『배반자』를 쓰면서 계획했던 것만큼 깊이 탐

---

* 1958년 쇠유 출판사에서 출간된 고르의 자전적 에세이. 사르트르가 서문을 썼다. 2005년에 갈리마르 출판사에서 포켓판 폴리오 문고로 재출간되었다.

구하지는 못했습니다. 여전히 내겐 이해하고 밝혀내야 할 수많은 질문이 남아 있습니다. 우리 사랑 이야기를 재구성해서 그 온전한 의미를 파악해야만 합니다. 그 이야기 덕분에 우리는 서로에게, 서로에 의해 지금의 우리가 될 수 있었으니까요. 내가 겪은 것들, 우리가 함께 겪은 것들을 이해하기 위해 나는 당신에게 이 편지를 씁니다.

Lettre à D.

우리의 이야기는 경이롭게, 거의 전광석화처럼 시작되었지요. 우리가 처음 만난 날, 당신은 세 남자에게 둘러싸여 있었습니다. 당신을 포커게임에 끼워 넣으려 그들은 안달이 나 있었지요. 당신은 숱 많은 적갈색 머리칼에 진줏빛 살결, 영국 여자 특유의 톤이 높은 목소리를 지니고 있었습니다. 당신은 그때 막 영국에서 로잔으로 건너온 상태였지요. 세 남자는 다들 서툰 영어를 써가며 당신의 관심을 끌어보려고 무진 애를 쓰고 있더군요. 당신은 빼어나게 아름다웠고, 마땅한 말이 없으니 영어를 그대로 쓰자면 위트가 있었으며, 꿈처럼 아름다웠습니다. 우리 둘의 시선이 서로 마주쳤을 때, 난 생각했지요. '내가 넘볼 수 없는 여자군.' 그날 우리를 초대한 사람이 당신에게 미리 귀띔을 했다는 걸 나중에 알았습니다. "저 사람은 오스트리아 출신 유대인이에요. 전혀 관심을 끌 만한 구석이 없는 상대지요"라고 했다면서요.

한 달 뒤, 길에서 당신과 다시 마주쳤을 때 무용수 같은 당신의 발걸음에 나는 또 반해버렸습니다. 그러던 어느 날 저녁, 우연히 퇴근하는 당신을 먼발치에서 보게 되었지요. 부지런히 뛰어가 총총히 길을 걸어 내려가는 당신을 따라잡았습니다. 눈이 온 날이었습니다. 습기에 젖은 당신의 머리칼이 곱슬거렸습니다. 설마 동의할까 싶으면서도 나는 춤추러 가자고 제안했지요. 당신은 대답했습니다. "와이 낫", 좋다고. 담백하게. 1947년 10월 23일이었습니다.

내 영어는 비록 서툴망정 그런대로 들어줄 만했습니다. 마르그라 출판사에서 나올 미국 소설 두 편의 번역을 막 마친 터라 영어가 많이 늘었지요. 첫 데이트에서 난 당신이 제2차 세계대전 중에, 그리고 그 후에도 책을 많이 읽었다는 것을 알았습니다. 버지니아 울프, 조지 엘리

엇, 톨스토이, 플라톤….

우리는 영국 정치에 대해, 노동당 내부의 여러 파벌에 대해 이야기했습니다. 당신은 본질적인 것과 부수적인 것을 단박에 구분했지요. 복잡한 문제를 앞에 두고 어떤 결정을 내려야 할지 당신은 언제나 확실하게 알고 있는 것 같았습니다. 자기 판단이 옳다는 철석같은 믿음이 당신에겐 있었습니다. 그런 확신은 어디에서 왔을까요? 당신 역시 부모가 서로 헤어졌고, 어린 나이에 부모 곁을 차례로 떠났으며 전쟁이 끝나기 전 몇 년간은 태비라는 고양이를 데리고 배급받은 식량을 나눠 먹으며 혼자 산 적도 있었습니다. 그러다 다른 세상을 탐험하려고 조국을 탈출했지요. 무일푼의 오스트리아 출신 유대인인 나의 어떤 구석이 당신의 관심을 끌 수 있었을까요?

알 수 없었습니다. 눈에 안 보이는 어떤 인연이 우리 사이에 생겨난 것인지를. 당신은 과거에 대해 말하기를 꺼려했지요. 도대체 어떤 근본적인 경험이 우리 사이를 그리 단숨에 가깝게 만들어준 것인지는 그 뒤로 조금씩 조금씩 알아가게 됩니다.

우리는 다시 만났습니다. 함께 또 춤추러 갔지요.

제라르 필립이 나오는 영화 〈육체의 악마〉도 함께 보았습니다. 그 영화에서 여주인공이 소믈리에에게 포도주에서 병마개 냄새가 난다며 이미 마개를 딴 포도주 한 병을 다른 것으로 바꾸어달라고 하는 장면이 있었지요. 우리는 춤추러 간 어느 클럽에서 이 장면을 흉내냈습니다. 소믈리에는 포도주 맛을 확인해보더니 우리 판단이 틀렸다고 했습니다. 우리가 끝까지 우기니까 그는 하는 수 없이 다른 병으로 바꿔주면서 말했지요. "다시는 여기 발도 들여놓지 마십시오!" 당신은 침착하고도 거침없었지요. 그 모습에 나는 탄복했습니다. 그러곤 혼자 생각했지요. '우리는 천생연분이야.'

서너 번의 데이트 끝에, 나는 마침내 당신을 품에 안았습니다.

우리는 서두르지 않았지요. 나는 조심스럽게 당신의 옷을 벗겼습니다. 그러자 현실과 상상이 기적처럼 맞아떨어져, 난 살아 있는 밀로의 비너스 상을 마주하게 되었습니다. 당신 가슴의 진줏빛 광채가 당신의 얼굴을 환히 비추었습니다. 나는 오래오래 아무 말 없이, 부드러움과 힘을 지닌 기적 같은 당신 몸을 응시했습니다. 쾌락이라는 건 상대에게서 가져오거나 상대에게 건네주는 것이 아니라는 것을 당신 덕에 알았습니다. 쾌락은 자신을 내어주면서 또 상대가 자신을 내어주게 만드는 것이더군요. 우리는 서로에게 자신을 온전히 내어주었습니다.

그 뒤 몇 주 동안 우리는 거의 매일 저녁 만났지요. 침대 대신 쓰던 낡고 푹 꺼진 소파에서 당신은 나와 함께 있었습니다. 앉을 수 있는 폭이 겨우 60센티미터밖에 안 되는 그 소파에서 우리는 서로 꼭 껴안고 잠들곤 했지요. 내 방에 그 소파 말고 있는 것이라고는 널판과 벽돌로 만든 책꽂이, 종이가 어지럽게 널려 있는 커다란 탁자와 의자, 그리고 전기난로뿐이었습니다. 당신은 마치 수도자 같은 나의 이런 세간을 보고도 놀라지 않았지요. 나 또한 당신이 그것을 받아들여준다는 게 놀랍지 않았고요.

당신을 알기 전에 나는 여자와 두 시간만 같이 있어도 지루해지는 사람이었습니다. 그러면 상대도 내가 지루해한다는 걸 결국 눈치 채고 말더군요. 당신과 함께 있을 때마다, 당신이 나를 다른 세상에 이르게 해준다는 사실에 난 사로잡혔습니다. 내 어린 시절을 지배했던 가치들이 그 다른 세상에서는 아무 소용이 없었지요. 그 세상에 난 매혹되었습니다. 그 세상에 들어서면 나는 아무 의무도 소속도 없이 도망칠 수 있었습니다. 당신과 함께 있으면 나는 '다른 곳에', 내게 낯선 곳에 가 있었습니다. 당신은 내 부족함을 메워주는 타자성他者性의 차원으로 나를 이끌어주었습니다. 정체성이라는 것을 늘 거부하면서도 결국 내 것이 아닌 정체성들만 하나하나 덧붙이며 살아온 나를 말입니다. 당신에게 영어로 말을 하면서 나는 '당신의' 언어를 내 것으로 만들었습니다. 지금껏 나는 당신에게 영어로 말해왔습니다. 심지어 당신이 프랑스어로 대답할 때도 나는 영어로 말했지요. 당신을 통해 그리고 책을 통해 주로 알게 된 영어는 처음부터 내게는 사적私的인 언어였습니다. 주위를 둘러싼 사회적 규범이 끼어들지 못하게 우리의 내밀함을 지켜준 사적인 언어. 나는 우리가 보호하고 또 우리를 보호하는 하나의 세계를 당신과 함께 쌓아올린다는 느낌을 받았습니다.

    만약 당신이 영국 문화에 깊이 뿌리내렸다는 느낌이나 영국에 강한 소속감을 갖고 있었더라면 이런 일은 가능하지 않았을 겁니다. 하지만 당신은 그렇지 않았지요. 당신은 영국적인 모든 것에 대해 비판적인 거리를 유지했어요. 그러나 그렇게 한발 물러선다 하더라도 영국인들에게 워낙 익숙한 것에 대한 공감은 여전히 살아 있었습니다. 나는 당신더러 '수출용'인 사람이라고 말하곤 했지요. 오직 수출만 되는, 그래서 정작 영국 땅에서는 찾아볼 수 없는 산물 중 하나가 당신이라는 뜻이었습니다.

　　　　우리는 둘 다 영국의 선거 결과에 무척 관심이 많았지만, 그건 그 선거에 사회주의의 미래가 달려 있기 때문이었지 대영제국의 미래가 달려 있기 때문은 아니었습니다. 사람들이 당신에게 줄 수 있는 최악의 모욕은 당신이 정치적으로 어느 한쪽 편을 들 때 그걸 애국심으로 설명하는 것이었습니다. 나는 그걸 훨씬 나중에야 알게 되었습니다. 아르헨티나 군대가 포클랜드제도를 침공*했을 때 말이에요. 꽤 알려진 어느 방문객이 당신이 한쪽 편을 드는 것을 애국심으로 설명한답시고 큰소리쳐대자 당신은 대놓고 이렇게 대답했지요. 아르헨티나가 이 전쟁을 수행

---

* 1982년 군부 독재 정권이 통치하던 아르헨티나가 자국과 가까운 영국령 포클랜드제도를 무력으로 점령하여 발발한 전쟁. 2개월 만에 아르헨티나 군의 항복으로 끝났다.

하는 것은 추악한 파쇼 군부 독재의 문장紋章을 드러내기 위해서일 뿐이며, 영국의 승리로 끝내 그 독재 정권이 붕괴되고 말 거라는 건 바보도 안다고.

하지만 미리 말해두자면, 처음 몇 주 동안, 당신이 출신 문화인 영국 문화에 대해 보여주는 자유로운 태도뿐 아니라 당신이 어릴 때 전수받은 상태 그대로인 영국 문화의 실체에 나는 반해버렸습니다. 가장 지독한 시련조차 농담거리로 돌려버리는 방식, 익살로 가장한 수줍음, 그리고 무엇보다 내용은 완전히 난센스인데 리듬만큼은 아주 지혜롭게 짜여진, 당신이 흥얼거리던 동요들. 예컨대 이런 노래 말입니다.

> 눈 먼 쥐 세 마리
> 뛰어가는 것 좀 봐
> 다들 농부 아내의 뒤만 졸졸 따라가네
> 누가 칼로 꼬리를 잘랐을까?
> 세상에 이렇게 재밌는 일 본 적 있어?
> 눈 먼 쥐 세 마리

Three blind mice

See how they run

They all run after the farmer's wife

Who cut off their tails with a carving knife

Did you ever see such fun in your life

as three blind mice?

난 당신의 어린 시절 이야기를 아주 사소한 것까지 듣고 싶어 했습니다. 그래서 당신이 대부代父 슬하에서 자랐다는 것을 알게 되었지요. 정원 딸린 바닷가 집에서, 조크라는 개와 함께 자랐다고요. 뼈다귀를 물어다 화단에 묻을 줄만 알았지 다시 찾아서 파낼 줄은 모르던 개라고 했지요. 대부에게는 라디오가 한 대 있었는데, 그 라디오는 배터리를 매주 갈아주어야 했다는 것, 당신이 세발자전거를 탈 때, 앉은 자리에서 몸을 일으켜 세우지 않은 채 보도 턱을 내려오는 바람에 걸핏하면 자전거의 축을 부숴먹곤 했다는 것도 알게 되었어요. 초등학교 시절에는 왼손으로 연필을 잡고 글씨를 썼는데, 억지로 오른손으로 쓰게 하려는 여자 담임선생에게 반항하느라 두 손을 엉덩

이 밑에 깔고 앉은 적도 있다면서요. 당신 대부는 권위적인 분이었는데도, 당신에게 담임선생이 바보라고 말해주고는 학교에 찾아가 담임에게 항의했고요. 그때 난 알게 되었습니다. 심각하게 구는 것, 권위에 순종하는 것 따위는 당신에게 늘 다른 세상의 일이겠구나 하는 것을요.

하지만 이런 모든 것들로도 우리가 처음부터 하나로 묶여 있다고 느낀 그 보이지 않는 인연을 설명할 수는 없습니다. 아무리 우리가 뼛속 깊이 서로 다른 존재라 해도, 뭔가 근본적인 것을 공유하고 있다고 난 느꼈습니다. 뭐랄까, 원초적 상처라고 할까요. 앞에서 말한 '근본적인 경험', 즉 불안의 경험 말입니다. 우리 둘의 경험의 성격이 똑같은 건 아니었습니다. 하지만 상관없었어요. 그 경험의 의미는 당신이나 나나 우리가 이 세상에서 확실한 자리를 갖고 있지 않았다는 뜻이었으니까요. 그 자리는 오직 우리가 앞으로 만들어가야 하는 것이었습니다. 우리는 우리의 자율성을 받아들이며 살아야 했고, 나중에 나는 알았습니다. 그런 일에는 나보다 당신이 더 잘 준비된 사람이었다는 것을.

Lettre à D.

당신은 아주 어릴 적부터 불안 속에서 살았습니다. 어머니는 일찍 결혼을 했는데, 결혼하자마자 1914년 전쟁 때문에 남편과 헤어지게 되었지요. 4년 뒤 아버지는 상이군인이 되어 돌아왔습니다. 그 후로 몇 년 동안 아버지는 가정생활에 적응하려고 애썼지만 결국 홀로 군인 관사에 가서 사시게 됩니다.

사진을 보면 당신만큼이나 미인이었던 어머니는 다른 남자들을 가까이했는데, 그중 한 사람, 당신에게는 항상 당신 대부로 소개된 분이 세상살이를 겪을 만큼 겪고는 은퇴해서 바닷가 소도시에 살고 있었습니다. 당신이 네 살쯤 되었을 때, 어머니가 당신을 데리고 그분에게 가서 함께 살게 되었지요. 하지만 두 분은 오래 같이 살지 못했습니다. 2년쯤 지나 어머니는 당신을 대부에게 남겨놓고 떠났습니다. 대부는 당신에게 매우 애착이 많은 분이었다지요.

어머니는 그 뒤로 몇 년간 자주 두 사람을 보러 오곤 했습니다. 하지만 번번이 어머니와 대부 사이에 지독한 말다툼이 벌어졌습니다. '대부님'이라 부르긴 했지만 당신은 마음속 깊이 그분이 당신의 친아버지라는 것을 알고 있었다고 했지요. 두 분은 싸울 때면 서로 자기편을 들어 달라고 당신을 부르곤 했습니다.

  당신이 느꼈을 혼란과 고독을 나는 짐작할 수 있습니다. 만약 그런 것이 사랑이라면, 그런 것이 한 쌍의 부부라면, 차라리 혼자 살면서 절대 누구와도 사랑에 빠지지 않는 게 낫겠다고 당신은 속으로 다짐합니다. 부모가 주로 돈 문제로 싸우는 것을 보고는, 진정한 사랑이 되려면 돈을 무시해야 하는 것이라고 혼잣말을 했지요.

  일곱 살에 이미 당신은 그 어떤 어른도 믿을 수 없다는 것을 알았던 것입니다. 대부가 바보 취급했던 담임 선생도, 당신을 인질로 잡은 셈이었던 부모도, 어느 날 대부의 집으로 찾아와 유대인에 대해 독설을 퍼붓던 목사도 믿을 수 없다는 것을 말입니다. 당신이 목사에게 "하지만 예수님도 유대인이었어요!"라고 하자 목사가 이렇게 대꾸했다지요. "얘야, 예수님은 하나님의 아들이시란다."

  어른들의 세계에 당신의 자리는 없었습니다. 당신은 강하게 살 수밖에 없는 운명이었습니다. 당신의 세계 전체가 언제 어떻게 바뀔지 모르는 상태였으니까요. 난 항

Lettre à D.

상 당신의 힘을 느끼면서 동시에 그 밑에 숨은 당신의 연약함도 느끼곤 했습니다. 당신이 극복해낸 그 연약함을 난 사랑했고, 당신의 연약한 힘에 놀라곤 했습니다. 우리는 둘 다 불안과 갈등의 자식이었습니다. 우리는 서로 보호해주기 위해 태어난 존재들이었습니다. 우리는 함께, 서로가 서로에게 힘입어, 이 세상에서 있을 자리를 만들어야만 했습니다. 애초부터 우리에겐 없던 자리를 말입니다. 하지만 그러려면 우리의 사랑이 사랑일 뿐만 아니라 일생 불변하는 계약이 되어야 했습니다.

난 이제껏 이 모든 것을 이만큼 명확히 밝혀본 적이 없습니다. 마음 깊은 곳에서 알고는 있었지만 말입니다. 당신도 그것을 알고 있다고 나는 느꼈습니다. 하지만 직접 체험한 이 확실한 사실들을 갖고 내가 생각하고 행동하는 나름의 방식으로 하나의 길을 뚫어가는 여정은 길기만 했습니다.

그해 말, 우리는 헤어져야만 했습니다. 난 열여섯 살에 가족과 떨어져 살게 되었습니다. 그러다 전쟁이 끝나고 스물다섯이 다 돼서야 가족을 다시 볼 수 있었습니다. 조국만큼이나 가족도 내겐 낯선 존재가 되어 있더군요.

나는 오스트리아에서 몇 주만 보내고 로잔으로 되돌아올 생각이었습니다. 그러나 당신은 행여 우리 가족이 나를 붙들고 놓아주지 않을까봐 겁이 났던 모양입니다.

오스트리아로 떠나기 전, 우리가 마지막으로 함께 보낼 이틀을 위해 친구가 자기 아파트를 빌려주었지요. 그 집에서는 진짜 침대를 쓸 수 있었고, 당신이 제대로 된 식사를 준비할 수 있는 부엌도 있었습니다. 떠나는 날 우리는 함께 역으로 갔습니다. 아무 말 없이. 지금 생각하니 그날 우리 약혼을 할 걸 그랬어요. 바로 그 순간, 난 약혼할 마음의 준비가 되어 있었던 것 같습니다. 플랫폼에서 나는 아버지께 갖다 드리려고 주머니에 넣어둔 금시곗줄을 꺼내 당신 목에 걸어주었습니다.

빈에 가 있는 동안은 아파트의 널찍한 거실이 내 차지였습니다. 그랜드 피아노와 서가가 있고, 그림들이 걸려 있는 방이었지요. 아침나절에는 혼자 거실에 틀어박혀 있다가 몰래 외출하여 구시가지의 폐허를 이리저리 돌아다녔고, 식구들의 얼굴은 식사 때나 대하곤 했습니다. 나는 내 논문 『미학적 전향, 기쁨, 아름다움』의 제2장을 쓰

Lettre à D.

면서 도스 파소스의 『세 군인』과 『헤겔 철학에서 매개媒介의 개념』(이 제목이 정확한지는 장담 못 하겠지만)이라는 책도 읽고 있었지요. 1월 말, 나는 어머니께 말씀드렸습니다. 내 생일에 맞춰 로잔의 '우리 집'으로 돌아가겠다고. "아니 거기 대체 뭐가 있기에 그렇게 간다고 하니?"라고 어머니가 물었습니다. 난 대답했지요. "제 방, 제 책들, 제 친구들, 그리고 제가 사랑하는 여자가 있어요." 그 전에 난 당신에게 편지를 단 한 통 보냈는데, 그 편지에 빈과 우리 식구들의 마음 됨됨이에 대해 쓰면서 "당신이 우리 가족을 만나는 일이 결코 없기를 바란다"라고 적었지요. 그날 난 당신에게 전보를 쳤습니다.

토요일에 만납시다. 소중한 사람.

내가 집에 돌아왔을 때 당신은 이미 내 방에 와 있었던 것 같습니다. 방의 자물쇠야 칼이나 머리핀으로 쉽게 열 수 있었으니까요. 그때가 2월이었는데, 장작을 땔 때는 작은 난로의 불은 꺼져 있었고, 차가운 몸을 덥히는 유일한 방법은 침대 속으로 파고드는 것뿐이었지요. 그날의 일을 이토록 세세히 기억하는 걸 보면, 내가 얼마나 당신을 사랑했는지, 우리가 얼마나 서로 사랑했는지 알 수 있습니다.

그 뒤 석 달 동안 우리는 결혼할 궁리를 했지요. 내 마음속에는 이념상 원칙적인 반대가 도사리고 있었습니다. 나는 결혼을 부르주아 계급의 제도라고 생각했습니다. 사랑에서 연유하는 것인 만큼 가장 비사회적인 부분들을 통해 두 사람이 연결되는 것인데도, 그 관계를 사회화하고 법적으로 문서화하는 것이 결혼이라 생각했던 거지요. 법적인 관계란 두 사람의 체험이나 감정과는 하등 상관 없이 자율화하게 마련이고, 또 그런 자율화는 그런 관계가 지닌 소명이기도 합니다. 난 또 이렇게 말하곤 했지요. "우리의 종신계약이 십 년이나 이십 년이 지난 다음에도 우리가 원하는 계약이 될지 그걸 누가 증명할 수 있겠소?"

당신의 대답은 도망칠 여지를 주지 않았습니다. "만약 당신이 누군가와 평생토록 맺어진다면, 그건 둘의 일생을 함께 거는 것이며, 그 결합을 갈라놓거나 훼방하는 일을 할 가능성을 배제하는 거예요. 부부가 된다는 건 공동의 기획인 만큼, 두 사람은 그 기획을 끝없이 확인하고 적용하고, 또 변하는 상황에 맞추어 방향을 재조정해야 할 거예요. 우리가 함께할 것들이 우리를 만들어갈 거라고요." 당신의 입에서 나왔지만, 이건 거의 사르트르의 말 아니겠습니까.

그해 5월, 우리는 드디어 원칙상의 결정을 내렸습니다. 어머니께 우리의 결혼 결정을 알리고, 필요한 서류를 보내달라고 부탁드렸습니다. 어머니는 대답 대신 우리 두 사람이 서로 맞춰 살아갈 성격이 아니라는 필적 감정가의 분석을 보내왔습니다. 5월 8일로 기억해요. 그날 우리 어머니가 로잔에 오셨지요. 나는 당신한테 오후 네 시에 어머니가 계신 호텔로 함께 인사드리러 가자고 했지요.

내가 어머니 방에 올라가서 당신과 같이 왔다고 알리는 사이에 당신은 호텔 로비에 앉아 있었습니다. 어머니는 책 한 권을 들고 침대에 누워 계셨습니다. "도린과 같이 왔어요. 어머니께 도린을 보여드리고 싶어요." 내가 말했지요. "도린이 누구냐? 그 아가씨가 나하고 무슨 상관이란 말이야?" 어머니가 물었습니다. "우린 결혼할 겁니다." 어머니는 펄쩍 뛰었지요. 이 결혼이 말도 안 되는 짓이라는 것을 뒷받침할 이유를 있는 대로 늘어놓았습니다.

"도린이 밑에서 기다리고 있어요. 안 보실래요?" "생각 없다." "그럼 이만 가보겠습니다."

나는 내려와 당신에게 말했습니다. "갑시다. 어머니가 당신 안 보시겠대." 당신이 곁에 둔 소지품을 다시 집어들자마자 대단한 귀부인인 우리 어머니가 계단을 내려오면서 이렇게 소리쳤습니다. "사랑하는 도린, 이렇게 만나게 되니 반갑구나!" 그때 당신이 보여준 당당하고 편안한 태도, 그리고 짐짓 젠체하는 어머니의 도도함…. 자기 아들 교육을 뽐내며 자랑해대는 그 귀부인 앞에서 난 어찌나 당신이 자랑스럽던지! 어머니가 보기에 우리 결혼에 중대한 걸림돌인 돈 문제를 전혀 개의치 않는 당신이 얼마나 든든하던지!

그 모든 게 지금이었다면 아주 간단했을 텐데 말입니다. 지상에서 가장 빛나는 존재가 나와 삶을 함께할 준비가 된 상황이었는데…. 그때까지 내가 한 번도 드나들지 않던 '점잖은 사회'에 당신은 초대된 셈이었습니다. 친구들은 나를 부러워했지요. 우리가 손 잡고 걸어가면 남자들은 당신을 돌아다보곤 했습니다. 어째서 당신은 무일

Lettre à D.

푼의 이 '오스트리아 출신 유대인'을 선택했던 거죠? 나는 글로써는 헤로와 레안드로스, 트리스탄과 이졸데, 로미오와 줄리엣을 예로 들먹이면서 보여줄 수 있었습니다. 사랑이란 두 주체가 서로 매혹되는 일, 즉 도무지 말로 표현할 수 없는 면, 사회화할 수 없는 면, 사회가 강요하는 자기들의 역할과 이미지와 문화적 소속에 거역하는 면에 끌려 서로에게 빠져드는 일이라고 말입니다. 우리는 출발할 때 가진 것이 거의 없었기 때문에 거의 모든 것을 둘이서 공유할 수 있었습니다. 내가 그때까지 살아온 대로 살겠다고, 그리고 당신의 눈길과 목소리와 향기와 가는 손가락과 당신이 당신의 몸으로 사는 방식을 그 무엇보다도 사랑하겠다고 동의하는 것만으로 미래는 온통 우리에게 활짝 열리게 되어 있었지요.

다만 이런 것은 있었습니다. 내가 나 자신에게서 도망쳐서 당신이 전령인 '다른 세상'에 정착할 가능성을 당신은 내게 주었던 겁니다. 당신과 함께 있어 나는 내 현실을 휴가 보낼 수 있었습니다. 나는 지난 7, 8년간 글쓰기를 통해 나 자신을 포함한 현실을 비현실화하기 위해 애써 왔습니다. 이제 당신이 그 비현실화에 도움을 주는 존재가 되었습니다. 내게 당신은 위협적인 세계의 바람막이였습니다. 당신 덕분에 나는 불법 망명자로서 미래라고는 석 달도 장담할 수 없는 세계에서 벗어날 수 있었습니다. 나는 지상으로 다시 돌아오고 싶은 마음이 없었습니다. 나는 경이로운 체험 속에서 피난처를 찾았고, 현실이 다시 그 피난처를 앗아가는 것을 원치 않았습니다. 내 마음속 깊이 나는 결혼이라는 것이 요구하는 현실로의 귀환을 거부하고 있었습니다. 내가 기억하는 한, 나는 언제나 내가 있는 그곳에 있지 않으려고 발버둥쳤습니다. 당신은 내가 내 존재를 감내하도록 하기 위해 그 후 몇 년이나 노력해야 했지요. 그리고 그 작업은 아직 끝나지 않았다고 난 굳게 믿습니다.

   결혼을 앞두고 보인 나의 망설임은 다른 몇 가지 방식으로도 설명할 수 있습니다. 이론적, 이념적 차원에서 그 망설임을 합리화할 수도 있겠지요. 그러나 그 첫번째 의미는 바로 앞에서 내가 요약한 것이었습니다.
   그렇게 나는 썩 내키지 않는 기분으로 우리의 결혼에 필요한 행정 절차를 밟았습니다. 당신이 생각하는 결혼은 우리 결합을 법제화하고 사회화하는 것과 무관한 것이었다는 사실을 내가 진작 깨달았어야 하는 건데…. 그저 단순히, 우리가 언제까지나 함께 있다는 것, 서로에게 충실하고 헌신하며 사랑하겠다고 약속하는 종신계약을 내가 당신과 체결할 준비가 된 상태라는 의미였을 텐데 말입니다. 당신은 언제나 이 계약에 충실했습니다. 하지만 나도 그 계약에 충실할 수 있을지 당신은 확신하지 못했습니다. 나의 망설임, 나의 침묵이 당신의 의혹을 키웠지요. 그러다 어느 여름날 당신이 조용히 말했습니다. 내가 결심할 때까지 더는 기다릴 마음이 없다고. 당신은 내가 일생을 당신과 함께하기를 원치 않는다고 받아들였을 수도 있습니다. 그럴 거면 우리 사랑이 다툼과 배신으로 얼룩지기 전에 차라리 내 곁을 떠나는 게 낫다고 생각한 것입니다. 당신은 말했지요. "남자들은 관계를 끝내는 방법을 몰라요. 여자들은 차라리 확실한 결별 쪽이 낫다고 생각하지요." 그리고 이렇게 제안했습니다. 우리가 한 달 동안 떨어져 지내면서 스스로 무얼 원하는지 결정할 시간을 내게 주는 것이 최선책이 아니겠냐고.

    그때 나는 알았습니다. 더 생각해볼 말미 따윈 전

혀 필요 없다는 것을. 이대로 당신을 떠나보내면 영원히 후회할 것임을. 당신은 내가 몸과 마음 모두를 사랑할 수 있고 함께 있으면 깊은 공명을 느끼는 최초의 여자였습니다. 한마디로 당신은 나의 진정한 첫사랑이었던 것입니다. 만약 내가 당신을 진정으로 사랑할 수 없다면, 나는 결코 세상 어느 누구도 사랑할 수 없을 것입니다. 예전에는 입 밖에 낼 줄 몰랐던 말들을 나는 찾아냈습니다. 우리가 영원히 함께했으면 한다는 마음을 당신에게 전할 수 있는 말들을.

이틀 뒤 당신은 넓은 농장을 소유하고 있는 친구 집으로 떠났습니다. 전쟁 직후에 당신이 머문 적 있는 집이었지요. 당신은 그 집에 있을 때 새끼 양 한 마리를 젖병으로 젖 먹여가며 길렀는데, 그 양은 당신이 가는 곳마다 졸졸 따라다녔다고 했습니다. 마치 당신이 잘 부르던 동요 가사처럼 말입니다. 나는 동물들이 당신에게 안겨주는 행복을 생각했습니다. 당신을 연모했던, 그래서 당신이 '대륙'에 살다 고국으로 돌아오면 자기와 결혼해줄 거라고 굳게 믿었던 그 농장 주인도 생각했습니다.

떠나면서 당신은 돌아오겠다고 약속했지만 난 온

전히 확신하지 못했습니다. 당신은 나와 함께 사는 것보다 나 없이 살 때 더 수월하게 살아갈 수 있는 사람이었으니까요. 당신은 누구의 도움 없이도 이 세상에서 당신의 자리를 만들 수 있는 사람이었습니다. 당신에게는 자연스럽게 배어나오는 권위가 있었고, 대인관계와 조직에 대한 감각이 있었습니다. 당신은 어떤 상황에서도 편안했고, 또 남들을 편하게 해주었습니다. 만난 지 얼마 안 되어서 당신은 주변 사람들 사이에서 속이야기를 들어주고 조언을 해주는 사람이 되었지요. 당신은 남들의 문제를 직관적으로 놀라울 만큼 빠르게 파악하고, 남들이 자기 자신을 똑바로 볼 수 있도록 도와주었습니다. 나는 매일같이 당신에게 편지를 써서, 일주일에 일 파운드로 런던에서 지내는 연로한 전쟁 과부 할머니 댁 주소로 보냈습니다. 당신은 그 할머니를 아주 좋아했지요. 내 편지는 애틋했습니다. 내 길을 찾으려면 당신이 꼭 있어야 한다는 것을, 오직 당신밖에 사랑할 수 없다는 것을 나는 잘 알고 있었습니다.

여름이 끝날 무렵, 당신은 돌아와 내 곤궁한 삶의 동반자가 되었습니다. 내가 그랬던 것보다 훨씬 수월하게 당신은 로잔에서의 생활에 동화되었습니다. 나는 주로 문과대학 출신의 친구들과 자주 만나면서 지냈지요. 몇 달이 지나자 당신 주변의 친구들, 그것도 당신을 따르고 좋아하는 친구들이 내 친구들보다 더 많아졌습니다. 당신은 샤를 아포텔로즈가 창립한 극단의 단원으로 활동했지요. 그 극단의 이름은 '가짜코'였습니다. '가짜코'는 1947년 〈르뷔드 시네마〉에 발표된 사르트르의 시나리오를 바탕으로 극단 단장 아포트*가 쓴 희곡 제목이었습니다. 당신은 이 연극 연습에 참가했고 로잔과 몽트뢰에서 세 차례 이 연극이 공연될 때 무대에 올랐습니다.

  나하고 하는 공부 때문이라기보다 그 연극 덕분에 당신의 프랑스어는 확실히 빨리 늘었지요. 나는 당신에게 책 한 권에서 최소한 서른 쪽을 암기하는 독일식 방법을 쓰려고 했습니다. 우리는 외울 책으로 카뮈의 『이방인』을 골랐습니다. 『이방인』의 첫머리는 이렇게 시작되지요. "오늘 엄마가 죽었다. 아니 어쩌면 어제인지도 모른다. 양로원의 전보를 받았다. '모친 사망. 내일 장례. 참석 바람.'" 이 첫 부분을 다시 암송할 때면 아직도 우리는 웃곤 합니다.

  얼마 안 가서 당신은 나보다 돈을 더 많이 벌게 되

었지요. 처음에는 영어를 가르쳐서, 그다음에는 맹인이 된 영국 여자 작가의 비서로 일해서 말입니다. 당신은 그에게 책을 읽어주었고, 편지를 받아적었으며, 오후에는 한 시간씩 그의 팔을 잡고 산책을 시켜주었지요. 그 작가는 당신에게 세금신고 없이 개인 대 개인으로 급료를 주었고, 그 돈으로 우리에게 필요한 생활비의 절반은 충당이 되었습니다. 당신은 여덟 시면 일을 시작했지만, 나는 당신이 점심 먹으러 집에 들어오면 그때야 겨우 자리에서 일어났지요. 새벽 한 시나 세 시까지 글을 쓰곤 했으니까요. 그래도 당신은 한 번도 뭐라고 한 적이 없었습니다. 난 그때 존재론적 위계질서에 따라 타인과의 개인적 관계를 구분하는 논문의 제2권을 쓰고 있었습니다. 내게는 사랑의 문제가 특히 어려웠습니다. (사르트르는 이 문제에 대해 『존재와 무』에서 약 서른 쪽을 할애했지요.) 우리는 왜 사랑을 하고, 우리가 사랑하는 바로 그 사람의 사랑을 받고 싶어하는지, 왜 다른 사람은 안 되는지 그것을 철학적으로 설명할 수 없었기 때문입니다.

● 아포텔로즈의 애칭.

당시 나는 이 문제에 대한 답을 내가 하고 있던 사랑의 체험 속에서 찾지 않았습니다. 우리 사랑의 기반이 무엇인지를 찾아내지 못했던 것입니다. 지금 쓰고 있는 이 편지에서 막 알아낸 것을 그때는 발견하지 못한 거지요. 우리 육체(내가 언급하고 있는 육체는 사르트르와 메를로 퐁티가 말한 '영혼이 육체이다'라는 것을 가리키는 것입니다)의 맛이란 늘 약속되어 있으면서 또 늘 스러지는 것인데, 그 맛에 괴롭고도 달콤하게 사로잡힌다는 사실이 어린 시절에 뿌리를 둔 근본적인 경험들과 연관되어 있다는 것도 발견하지 못했습니다. 우리에게 영원히 이상적인 기본 유형으로 남을 어떤 목소리, 향기, 피부색, 존재하고 행동하는 방식이 내 안에 들어와 울리던 느낌을 처음으로, 그리고 근원적으로 발견한 경험 말입니다. 사랑의 열정이란 바로 그런 것이지요. 타인과 공감에 이르게 되는 한 방식입니다. 영혼과 육체를 통해 이 공감에 이르는 길은 육체와 함께하기도 하고 영혼만으로도 가능한 것입니다. 우리는 철학 안에 그리고 철학 밖에 있는 것이지요.

Lettre à D.

우리의 괴로운 시절은 1949년 여름에 임시로나마 끝이 났습니다. 우리 둘 다 '세계시민들'*을 위해 투쟁하고, 로잔의 거리에서 목청껏 외쳐가며 이 단체의 신문을 판 덕에, 양심적 병역거부로 감옥살이를 한 '세계시민들'의 국제 담당 사무국장 르네 보바르가 나에게 파리에서 그의 비서로 일해달라는 제안을 했던 것입니다. 이를테면 사무국장의 사무국장인 셈이었습니다. 나는 난생처음 정상적인 월급을 받는 직장에 채용되었습니다. 우리는 둘이서 함께 파리라는 도시를 알아갔지요. 그리고 그 뒤로 내가 맡게 된 일자리에서 그랬듯이, 이번에도 당신은 내가 해야 할 일에서 당신 몫을 맡아주었습니다. 당신은 종종 내가 일하는 사무실에 나와서 미처 봉투도 못 뜯고 있던 수만 통의 편지를 읽고 분류하는 일을 도왔습니다. 영어로 공문 작성하는 일도 해주었지요. 우리는 사무실에 찾아오는 외국인들과 친분을 쌓으면서 그들을 점심식사에 초대하기

---

* Citoyens du monde. 미국의 롤라 로이드와 헝가리의 로지카 슈비머의 창립 정신을 이어받아 제2차 세계대전 후 구체적으로 전개된 '세계 의회' 운동. 알베르 카뮈, 앙드레 지드, 장 폴 사르트르, 앙드레 브루통 등이 이 운동을 지지하였다.

도 했습니다. 그때부터 우리는 비단 사생활에서만 하나가 된 것이 아니라 공적 영역에서도 함께 활동함으로써 하나가 되었습니다.

다만 밤 열 시부터 새벽 두세 시까지 나는 쓰고 있던 논문에 다시 매달렸습니다. "어서 와서 자요." 새벽 세 시가 되면 당신은 말하곤 했지요. 난 대답했습니다. "곧 가요." 그러면 당신은 이렇게 말했지요. "곧 온다고 하지 말고, 그냥 와요 지금!" 당신의 음성에 나무라는 기색은 전혀 없었습니다. 내가 필요한 시간을 마음대로 쓸 수 있게 놔두면서도 그렇게 오라고 부르는 것이 나는 좋았습니다.

당신은 말하곤 했지요. 글을 쓰지 않고는 살 수 없는 사람과 살고 있다고. 또 작가가 되려는 사람은 홀로 되어 밤이고 낮이고 어느 때건 메모를 해야 한다는 것을 당신은 알고 있었습니다. 비록 펜을 내려놓은 다음에라도 글 쓰는 작업은 계속되며 밥 먹다가도 이야기하다가도 생각이 떠오르면 갑작스레 그 작업에 빠져들 수 있다는 것도 말입니다. 내가 몽상가처럼 오래오래 말이 없으면, 당신은 이따금 이렇게 말하곤 했지요. "당신 머릿속의 생각을 내가 알 수만 있다면…." 하지만 당신 역시 그런 적이 있었으

Lettre à D.

니 내 머릿속 상태를 모를 리 없었지요. 홍수같이 넘쳐흐르다 단단한 결정結晶이 되어 제자리를 찾아가는 단어들, 끊임없이 단련되는 문장의 조각들, 암호나 상징으로 기억 속에 고정시키지 못하면 언제 사라질지 모를 어렴풋한 생각들. 작가를 사랑한다는 것은 그가 글 쓴다는 사실을 사랑하는 것이라고 당신은 말했지요. "그러니 어서 써요!"

아직 6년이나 더 있어야 논문을 마칠 수 있을 것이라고는 우린 그때 꿈에도 생각지 못했습니다 내가 그걸 알았다면 버틸 수 있었을까요? "물론이죠." 당신은 말했습니다. 글 쓰는 사람의 첫째 목적은 그가 쓰는 글의 내용이 아닙니다. 그에게 제일 필요한 것은 쓴다는 행위입니다. 쓴다는 것은 세상에서 사라지고 자기 자신에게서 사라져서 결국은 세상과 자기 자신을 문학적 구상의 소재로 만드는 것입니다. 다루는 '주제'에 대한 문제는 그다음에야 제기되는 것입니다. 주제는 필요조건입니다. 글을 만들어낼 때 부차적일 수밖에 없는 조건이지요. 글을 쓸 수만 있게 해준다면 어떤 주제든 좋은 주제입니다. 6년 동안, 그러니까 1946년까지 나는 줄곧 '일기'라는 것을 썼습니다. 불안을 잠재우기 위해서였지요. 아무 이야기나 썼습니다. 난 '글쟁이'였습니다. 글쟁이는 써야겠다는 욕구를 주제가 받쳐줄 때에야 비로소 진정한 작가가 됩니다. 이때 주제는 써야겠다는 욕구를 계획으로 정리해주거나 또는 그렇게 정리하라고 요구합니다. 일생 동안 글을 쓰면서도 아무것도 완성하지 못하고 아무것도 출판하지 못하는 작가가 족히 수백만 명은 됩니다. 당신도 그런 단계를 거쳐보았지요. 처음부터 당신은 알았습니다. 당신이 내 계획을 끝없이 지켜주어야 한다는 것을.

우리는 1949년 초가을에 결혼했습니다. 결혼 휴가를 당연히 받을 수 있었는데도 휴가를 신청할 생각을 둘 다 하지 못했습니다. 당시 내 월급은 세무서에 신고되지 않았던 것 같습니다. 우리는 번 돈 중에 최소 생활비만 떼어두고 나머지는 따로 통장을 만들어 저축했습니다. '세계시민들'에서 내 일자리가 언제 없어질지 모른다고 생각한 것이지요.

1950년 봄 '세계시민들'이 나를 해고하자, 당신은 담담하게 말했지요. "거기 안 다녀도 우리 힘으로 잘 살아갈 수 있을 거예요." 너무 힘든 기나긴 한 해를 당신은 명랑하게 버텨주었지요. 당신이 바위 같아서 그 위에 우리 부부가 든든히 버티어 설 수 있었습니다. 자잘한 일거리들을 대체 당신이 어떻게 구할 수 있었는지 모르겠습니다. 당신은 오전에는 '그랑드 쇼미에르'*에서 화가들의 모델 노릇을 했습니다. 보험회사에 다니다 퇴직한 아마추어 화가가 그리는 초상화를 위해 하루에 두 시간씩 포즈를 취했지요. 영어를 가르칠 학생들도 구했습니다. '세계시민들'에서 일할 때 우리가 급한 일을 도와준 적 있는 이탈리아 사람이 당신을 다른 대여섯 사람과 함께 고용해서 헌 종이 수집하는 일을 시키기도 했습니다.

    영국 초등학생들을 모아 일주일 동안 파리 관광을 시키는 가이드 노릇도 했습니다. 그 아이들은 앵발리드**에 가보고 프랑스가 나폴레옹을 얼마나 열렬히 숭배하는지를 알게 되면 언제나 놀랐지요. 그 아이들에게 나폴레옹은 웰링턴에게 패하고 영국의 섬으로 잡혀갔던 독재자일 뿐이었으니까요. 당신은 학생들에게 설명을 해주

● 순수미술을 교육하는 파리의 아카데미. ●● 나폴레옹의 유해가 안장된 파리의 군사박물관을 겸한 복합건물.

었습니다. 그때 알게 된 학생과 교사 들이 여러 해 동안 당신에게 편지를 보내오곤 했지요. 당신은 어떤 일을 해도 당신만의 모습을 보여주었습니다. 설령 노예선을 탔다 하더라도 당신은 훨훨 날개를 달 사람이었습니다. 나는 그런 일을 겪을 때마다 의기소침해졌지만요.

그 시절이었던가요? 아니면 그 전 혹은 그 후였던가요? 어쨌든 어느 해 여름의 일입니다. 둘이서 우리가 살던 아파트의 안뜰을 날아다니는 제비들의 공중 곡예를 감탄하며 보고 있을 때 당신이 말했습니다. "아, 저렇게 책임은 없고 자유만 있다니!" 점심 먹으면서 당신은 나에게 물었지요. "당신, 사흘째 나에게 한마디도 안 한 것 알아요?" 당신이 나와 살면서 차라리 혼자 사는 것보다 더 외로웠던 것은 아닌지 자문해봅니다.

그때는 내 기분이 왜 그리 침울했는지, 그 이유를 당신에게 결코 말해주지 않았습니다. 아마도 부끄러웠던 것이겠지요. 당신의 흔들림 없는 의연함, 미래를 신뢰하는 당신의 믿음, 주어지는 행복의 순간을 포착할 줄 아는 당신의 능력, 그런 것이 감탄스러웠습니다. 어느 날인가 당신이 베티와 생제르맹 광장의 어느 작은 공원에서 커다란 버찌 아이스크림 하나로 점심을 때울 수 있었던 것, 그것도 나는 좋았습니다. 당신은 나보다 친구가 더 많았습니다.

내게 고통이란 늘 불안스러운 얼굴을 하고 있었습니다. 그때 내게는 임시 체류증밖에 없었고 그걸 연장하려면 일자리가 필요했습니다. 파리 근교 팡탱에 있는 화학제품 제조회사에서 자료정리와 서류번역을 담당할 사람을 찾는다고 해서 갔지요. 그러나 그 자리에서 일하기에는 내 이력이 넘쳤습니다. 보험회사 직원을 모집하는 행사에도 갔지만 그 일이라는 게 집집마다 다니며 가난한 사람들을 감언이설로 꾀어 보험 계약을 하게 만드는 것이었습니다. 그러다 다행히 사르트르의 주선으로 마르셀 뒤아멜에게서 탐정소설 시리즈 중 한 권을 번역거리로 받았습니다. 그러나 이 일도 고작 6주면 끝나는 일, 그 뒤로 이어지는 일거리는 없었습니다. 유네스코에서 독일어 번역자 시험을 본 적도 있었지요. 응시자 서른 명 중에 내가 2등을 했습니다. 그 뒤로 매달 유네스코에 가서 어떤 자리라도 좋으니 빈자리가 없나 알아보았지만, 없더군요. '연줄' 없이는 아무것도 안 된다는 것을 알았지만 우리에게 그런

게 있었을 턱이 없지요. 지식인 사회와도 아무 접촉이 없었고, 당시만 해도 풍부하던 내 철학적 상상력에서 나온 생각들을 주고받을 사람도 없었습니다.

나는 궁지에 몰리고 말았습니다. 당신의 신뢰는 내게 위안은 될망정 안심은 되지 못했습니다. 결국 유네스코에서 알게 된 사람을 통해 인도 대사관에 임시 일자리를 찾았습니다. 인도 대사관 무관武官의 비서 일이었습니다. 나는 무관의 딸들을 하루에 두 시간씩 가르치고, 유럽의 세력 균형에 관한 보고서를 작성했습니다. 무관은 내가 쓴 보고서를 그대로 자기 나라 정부에 보내곤 했습니다. 그 일은 적어도 내가 가진 재능의 일부분이나마 발휘할 수 있게 해준 일이었습니다. 그때 난 당신은 내게 아까운 사람이라고 생각했지요. 지금보다 더 대접받고 살아야 하는 사람이라고 말입니다.

그 힘들었던 시기도 1951년 봄에 끝이 났습니다. 우리가 자주 만나던 미국 친구 제인이 소개한 유명 언론인 덕분에 내게 꼭 맞는 일자리가 생긴 것입니다. 당시 석간 〈파리 프레스〉가 매일 한 면을 할애해 싣던 외신 종합

면을 내가 맡은 것입니다. 신문사 편집국은 크루아상 거리의 다 쓰러져가는 아파트에 있었습니다. 장 조레스*가 살해당한 카페 바로 옆이었지요.

내가 일하던 부서에는 매일 약 40종의 일간지와 주간지가 배달되어 왔습니다. 지극히 경박한 것부터 더없이 진지한 것까지 영국의 모든 정기 간행물도 들어왔습니다. 미국에서는 주간지 전부와 일간지 세 종이 왔는데, 합히면 종이 무게가 2킬로그램이나 나갔습니다. 그것을 모아 작은 난로를 때면 단칸방인 우리 사무실이 훈훈해졌지요. 독일, 스위스, 벨기에의 신문잡지들, 그리고 이탈리아 일간지 두 종도 왔습니다. 그 엄청난 양의 정보를 읽어보고 선별할 사람은 우리 둘밖에 없었습니다. 나는 순식간에 그 업무를 해치우는 선임 편집자가 되어버렸습니다. 당신은 종종 신문사로 찾아와 영문 간행물의 상당 부분을 검토해주고 중요한 기사는 가위로 오려 분류해주곤 했지요. 당신의 우아한 자태와 영국식 유머 감각 덕분에 상사들은 나를 더 좋게 보았습니다. 나는 거의 모든 나라와 모

* 1859~1914. 프랑스의 사회주의 운동가이자 정치가.

든 문제에 관해 언론인 특유의 백과사전적 지식을 쌓아갔습니다. 기술과학, 의학, 군사 분야까지 망라했지요. 당신이 날마다 전해주는 수십 가지 자료 덕분에 어떤 분야든 닥치는 대로 하룻밤에 기사를 써서 신문 한 면을 채울 수 있었습니다.

당신은 1951년부터 만들어놓은 그 자료를 그 후 30년 동안 경신하고 보충하고 관리하는 일을 계속했습니다. 그 자료는 1955년 내가 〈렉스프레스〉에서 일하게 되었을 때도 따라왔고, 1964년 〈누벨 옵세르바퇴르〉에서 일할 때도 따라왔습니다. 그 뒤 내 고용주들은 내가 당신 없이는 일할 수 없다는 것을 알았습니다.

〈파리 프레스〉에 취직하고 난 뒤, 우리는 그때까지 살던 집 중 가장 넓은 곳에서 살게 되었지요. 우리는 서로의 부족한 점을 보충해주며 살았습니다. 상근직이었던 '외신 리뷰' 작업 말고도, 나는 국제부에 시간제로 고용되어 일했습니다. 이 일을 하면서 더할 나위 없이 편안했습니다. 그 일은 내가 전혀 다른 세상에서, 내 주변이나 독자들이 낯설게 느낄 만한 것들에만 신경 쓰면 되는 일이었습니다. 즉 나를 '낯설게 하기'가 가능한 일이었지요.

나는 세상을 이방인의 시선으로 바라보았고, 사실들 뒤로 물러나 사실들이 나 대신 말하게 하는 법을 배웠습니다. 객관성의 여러 지략을 습득한 것이지요. 나는 내 자리에 있지 않음으로써 내가 있을 곳에 있을 수 있었습니다. 논문에 몰두하는 것은 밤 열 시부터 자정까지 그리고 주말에나 가능했지요.

    로잔에서 알게 된 한 친구가 우리에게 3년째 빌려주었던 파리 7구 생페르 거리*의 방을 비워줘야 했던 것만 아니라면 그때가 그래도 행복한 시절이었습니다. 우리는 파리 11구의 한 아파트에 있는, 층계참을 사이에 두고 떨어진 지붕 밑 작은 방 두 칸을 새로 얻었습니다. 그때까지 우리는 가난했어도 누추하게 살지는 않았습니다. 11구의 생모르 거리로 이사하니 생제르맹데프레에 살던 때보다 돈은 더 버는데 살림은 더 가난해졌지요. 그 동네에서 당신은 귀양살이 하는 느낌이라고 했습니다. 신문사 편집국에 오지 않을 때는 당신 혼자 외톨이였어요. 친구들과도 지하철로 반 시간이 걸릴 만큼 떨어져 살게 되니 만나

* 파리의 문화 중심지라 할 생제르맹데프레 구역의 거리.

는 일도 훨씬 드물어졌습니다. 집에서 나오면 어디를 가든 눈에 띄는 건 인적 없는 길들과 먼지 덮인 가게들뿐이었습니다. 당신은 울적해했지요.

이런 귀양살이를 이삼 년 하고 나서, 우리는 행복한 시절로 접어들었습니다. 내가 〈렉스프레스〉에 들어가게 된 것입니다. 당신이 만들어준 자료가 취업에 한몫을 했지요. 그때 상황을 정확히 기억하고 있습니다.

〈렉스프레스〉는 1955년에서 56년까지 망데스 프랑스*의 대통령선거전을 지원하기 위해 일간지로 바뀌어 있었습니다. 그러다 도로 주간지가 되었을 때, 나처럼 일간지 기자였던 사람들은 새로운 판으로 나오는 첫 호에서 자기 능력을 입증해 보이지 못하면 떨려날 지경이었습니다. 그때 평화적 공존에 관한 글을 한 편 쓴 게 기억나는군요. 그 글을 쓰기 3년 전 아이젠하워가 미국 국민과 소련 국민의 가까운 점을 강조했던 연설을 글 속에 인용했지요. 당시 〈렉스프레스〉에 기사를 쓰면서 자신의 이름을 밝히는 기자는 아무도 없었습니다. JJSS**는 내 기사를 신문기사의 전범典範으로 인용하며 이렇게 결론지었습니다.

"이 사람은 훌륭한 자료정리의 가치를 아는 사람이다." •

당신과 나는 떼려야 뗄 수 없는 사이로 주위에 평판이 났지요. 나중에 장 다니엘은 "두 사람은 서로에게 강박적일 만큼 세심하다"라고 썼더군요. 바로 그때 몇 주에 걸쳐 나는 드디어 논문을 완성했고, 며칠 뒤 우리는 바크 거리에 믿을 수 없을 만큼 싼값에 낡고 작은 아파트를 얻었습니다. 우리가 바라던 것이 모두 이루어지려는 찰나였습니다.

내가 사르트르에게 제출한 엄청난 분량의 원고를 그가 어떻게 받아들였던가 하는 이야기는 다른 곳에서 이미 했지요. 그때 나는 처음부터 알고 있던 사실을 새삼 깨닫게 되었습니다. 이 원고는 설령 사르트르가 추천을 해준다 해도 출판사를 찾지 못할 거라는 사실을 말이죠. ("당신은 내 능력을 과대평가하는군." 사르트르가 내게 한 말입

• 1907~1982, 프랑스 인민전선 내각의 재무차관과 드골 임시정부 경제장관 등을 거쳐 총리 겸 외무장관을 지낸 프랑스 정치인. •• 장 자크 세르방 슈레베르Jean-Jacques Servan-Schreiber, 1924~2006, 이름과 성의 첫 글자를 따서 JJSS라 불린 프랑스의 언론인 겸 문필가이자 정치인.

니다.) 당신은 처음엔 내 침울한 기분을, 나중엔 내 무모한 돌진을 옆에서 지켜보았지요. 나는 자폭하는 심정으로 자기비평을 쓰기 시작했습니다. 그 글은 나중에 나온 책의 첫머리가 되었습니다.

　　　　당신이 나를 알게 된 이후로, 내가 어떤 것보다도 우선시했던 일에서 실패한 것을 어떻게 당신이 감당할 수 있었는지 궁금했습니다. 거기서 벗어나보려고 나는 얼마 동안이 될지 몰라도 당분간 몰두할 수 있을 만한 새로운 일에 눈 질끈 감고 뛰어들기도 했습니다. 하지만 당신은 흔들리지 않았고 조바심을 내지도 않더군요. 당신은 누누이 내게 말했습니다. "당신의 삶은 글을 쓰는 거예요. 그러니 글을 써요." 내 소명을 뒷받침해주는 것이 당신의 소명인 것처럼요.

　　　　우리의 삶은 바뀌었습니다. 우리의 작은 아파트에 손님들이 많이 찾아왔습니다. 당신의 단짝 친구들은 늦은 오후가 되면 위스키를 마시러 찾아오곤 했지요. 당신은 한주에도 여러 번 손님을 위해 점심이나 저녁을 준비했습니다. 우리는 세계의 중심에 살고 있는 셈이었습니다. 일로 만나는 사람들과 우리에게 정보를 주는 사람들, 우리

Lettre à D.

친구들 사이의 구분은 모호해졌습니다. 유고슬라비아 외교관인 브랑코는 동시에 이 세 가지 역할을 한 사람입니다. 그는 파리의 오페라 대로에 있는 유고슬라비아 정보센터 소장으로 일하다가 대사관 1등서기관으로 퇴직했습니다. 그 사람 덕분에 우리는 프랑스와 외국의 몇몇 중요한 지식인들을 알게 되었습니다.

  당신은 내 삶에 온 정성을 쏟으면서도 당신만의 모임이 있었고 또 당신만의 삶이 있었습니다. 카스토르,* 사르트르, 그리고 〈레 탕 모데른〉**의 '식구들'과 처음 함께 보낸 송년 파티 때, 사르트르가 당신에게 깊은 관심을 기울이며 말을 걸었습니다. 당신이 저명인사들에게 늘 그렇게 하듯 특별히 존경을 표하는 기색도 없이 편하고 격의 없이 대꾸하자 사르트르의 얼굴에는 기뻐하는 표정이 역력했습니다. 그때였던가 아니면 그 후였던가, 아무튼 내 친구 하나가 나에게 진지하게 주의를 주더군요. "이봐 고르, 조심하라구. 자네 부인은 그 어느 때보다도 아름다워.

● 사르트르의 동반자였던 시몬 드 보부아르의 별명. ●● 1944년 사르트르가 창간한 정치, 문학, 철학 평론지.

내가 자네 부인한테 수작을 걸기로 맘만 먹는다면, 아무도 못 막을걸세."

바크 거리에 살던 시절에 당신은 온전히 당신이 되었습니다. 영국 처녀 같던 당신 목소리(다른 누구보다도 영화배우 제인 버킨이 내보려고 끝없이 노력했던 그 목소리)도 사려 깊고 진중한 음성으로 바뀌었습니다. 내가 얼굴 파묻기를 좋아했던 그 풍성한 머리칼도 숱을 쳐버렸지요. 당신의 말씨에는 영국 억양이 조금밖에 남아 있지 않았습니다. 당신은 베케트, 사로트, 뷔토르, 칼비노, 파베제를 읽었습니다. 콜레주 드 프랑스에서 클로드 레비-스트로스의 강의도 들었어요. 독일어를 배우고 싶어해서 필요한 책들을 사기도 했지요. 나는 말렸습니다. "나는 당신이 독일어를 한마디라도 배우는 게 싫소. 난 다시는 독일어를 하지 않을 거요." 당신은 '오스트리아 출신 유대인'의 이런 태도를 이해해주었습니다.

프랑스와 외국에서 내가 작성한 심층기사는 거의 모두 당신과 함께 만든 것입니다. 당신은 내 한계를 깨닫게 해주었습니다. 망데스 프랑스와 함께 그르노블에서 보낸 사흘이 남긴 교훈을 나는 결코 잊은 적이 없습니다. 그

건 우리가 초기에 만든 심층기사였지요. 우리는 망데스와 함께 식사를 했고, 그와 함께 그의 친구들을 방문했으며, 그 도시의 유지들과 망데스가 대담하는 자리에도 합석했습니다. 내가 이런 유지들과의 대담에 참석한 것은 한편으로 프랑스민주노동총연맹*의 운동가들과 이야기를 나누기 위해서였다는 것을 당신은 알고 있었습니다. 그 운동가들이 보기에는 그르노블의 굵직굵직한 회사 사장들이 딱히 '국가의 살아 있는 힘'의 화신인 것은 아니었지요. 당신은 내가 송고를 하기 전에 망데스에게 내 '심층기사'를 읽어달라고 무던히도 요청을 했지요. 망데스는 그 점을 당신에게 고마워했습니다. 그가 나에게 말했지요. "만약 당신이 이 기사를 신문에 내면, 나는 다시는 이 도시에 발을 못 들이겠군요." 그는 화가 났다기보다 재미있어하는 것 같았습니다. 마치 내 나이나 내 위치에서는 정치적 현실감각보다 급진주의를 선호하는 것이 당연하다고 생각하는 듯이 말입니다.

    그날 나는 당신이 나보다 정치적 감각이 뛰어나다

---

* CFDT-Confédération française démocratique du travail.

는 것을 실감했습니다. 현실을 읽는 내 틀에 들어맞지 않아 내가 미처 못 알아채는 실상을 당신은 파악하곤 했습니다. 나는 더 겸손해졌지요. 내 기사나 원고를 제출하기 전에 당신에게 먼저 읽어봐달라고 하는 것이 습관이 되었습니다. "왜 당신은 항상 옳은 거지!"라고 투덜대면서도 당신의 비판을 참고하곤 했지요.

　　　　우리 부부가 서 있는 토대는 그 몇 해 동안 바뀌어 갔습니다. 우리의 관계는 내가 현실과 맺는 관계를 걸러내는 필터가 되어주었습니다. 그러다 우리의 관계에 전환점이 생겼습니다. 오랫동안 당신은 나의 단언하는 버릇 때문에 주눅 들어 했습니다. 나의 그런 면이 당신이 섭렵하지 못한 이론적 지식의 표현이 아닌가 하고 추측했지요. 그러나 차츰 당신은 내 영향을 받는 것을 거부했습니다. 더 나아가 당신은 이론 구축에 저항했고, 특히 통계에 반발했습니다. 통계는 어떻게 해석하느냐에 따라 의미가 달라지는 것인 만큼 설득력이 없다는 생각이었지요. 그러니 이 '해석'이란, 통계가 지닌 권위를 받쳐주는 수학적 엄밀성을 갖는다고 할 수 없다는 거지요. 나는 내 생각을 구조화하기 위해 이론이 필요했고, 구조화되지 않은 생각은 항상 경험주의와 무의미 속에 빠져버릴 위험이 있다고 당신에게 반박했습니다. 그러면 당신은 대답했지요. 이론이란 언제든 현실의 생동하는 복잡성을 인식하는 데 걸림돌이 될 수 있다고. 우리는 이런 토론을 수십 번 했고, 나중엔 상대가 뭐라고 대답할지 미리 알 수 있게 되었지요. 논쟁은 결국 놀이처럼 되어버렸습니다.

하지만 이 놀이에서도 당신이 늘 우위를 점하고 있었어요. 직관도 감농도 없다면 지성도 없고 의미도 없음을 당신은 인지과학을 공부하지 않고도 알았던 것입니다. 당신의 판단은 전달될 수는 있지만 증명해 보일 수는 없는, 그러나 당신이 몸소 겪어 얻은 확신의 토대 위에 서 있었습니다. 이런 판단의 권위—그것을 '윤리'라고 합시다—는 논쟁할 필요도 없이 저절로 생기는 것입니다. 반면 이론적 판단의 권위는 논쟁으로 설득시키지 못하면 무너지고 맙니다. "왜 당신은 항상 옳은 거지"라는 내 말에 다른 의미는 없었습니다. 당신에게 내 판단이 필요하기보다는, 내게 당신의 판단이 더 절실하게 필요했던 것이죠.

우리는 바크 거리에서 10년을 살았습니다. 그 세

월을 다시 하나하나 풀어내고 싶지 않지만, 우리에게 어떤 의미였는지는 살펴보고 싶습니다. 우리가 함께하는 활동이 점점 늘어났던 것은 어떤 의미였는지, 그와 동시에 우리 부부가 각자에 대해 품고 있던 이미지가 서로 달라진 것은 무슨 의미였는지 말입니다. 이러한 경향은 뒤이어 계속 확인됩니다. 당신은 언제나 나보다 어른스러웠고, 점점 더 어른이 되어갔습니다. 당신은 내 눈길에서 어린아이 같은 '무구함'을 읽어냈습니다. '무구함'이라기보다 '순진함'이라고 할 수 있겠지요. 당신은 학설이니 이론이니 사고체계니 하는 정신적인 보형물 없이도 스스로를 발전시켜갔습니다. 반면 나는 설령 나중에 그런 것들에 의문을 품을지언정 당장 학계에 자리를 잡으려면 그것들이 필요했습니다. 바크 거리의 그 집에서 나는 『배반자』의 사분의 삼을 썼고, 뒤이어 논문 세 편을 썼습니다.

 『배반자』는 원고를 출판사에 넘긴 지 18개월이 지나 1958년에 출간되었습니다. 이 원고를 처음 쇠유 출판사에 갖다주고 나서 겨우 스물네 시간이 지난 뒤 프랑시스 장송이 전화를 걸어와 당신에게 물었지요. "부군께서 지금은 무얼 하십니까?" 이 질문에 "계속 글 쓰고 있어요"

Lettre à D.

라고 당신은 대답했지요. 장송이 이 원고를 책으로 내기로 결심했다는 것을 당신은 알아차렸던 겁니다.

당신은 종종, 내가 이 책을 쓰면서 점점 변했다고 말했지요. "그 책을 다 쓰고 나니 당신은 더 이상 예전의 당신이 아니었어요." 이것은 당신의 오해입니다. 나는 그 책을 썼기 때문에 변한 게 아닙니다. 책으로 낼 수 있는 원고를 내가 만들었고 그 원고가 책으로 나왔기 때문에 변한 겁니다. 그 책의 출간으로 내 상황은 바뀌었습니다. 세상에 내가 있을 자리 하나를 그 책이 준 것이지요. 그 책은 내가 생각했던 것에 현실성을 부여했습니다. 그 현실성으로 말미암아 나는 스스로를 다시 규정하고 끊임없이 스스로를 넘어서야 했습니다. 타인들이 나에 대해 만든 이미지의 포로가 되지 않고, 또 객관적 현실에 의해 나와 다른 존재가 되어버린 산물(책)의 포로가 되지 않기 위해서 말입니다. 문학의 마술이란 이런 것입니다. 실존을 거부하면서 실존에 대해 쓰다 보니, 문학은 나를 실존에 이르게 해주었습니다. 그 책은 내 거부의 산물이었고, 거부 자체였지만 세상에 나옴으로써 내가 더 이상 거부만을 고집할 수 없게 만들어버렸습니다. 바로 그것이 내가 원했던 것이었으며 오직 책의 출간이 그것을 가능하게 해줄 수 있었습니다. 즉 나 자신의 의지로 할 수 있는 것보다 더 앞으로 나아가게 하는 것, 나 자신에게 질문하는 것, 내가 혼자서는 규정하지 못했던 목적을 추구하는 것을 말입니다.

그러니까 책은 만들어지는 작업을 통해 효력이 생기는 것이 아닙니다. 책은 처음에는 예견치 못한 여러 가능성과, 타인들과의 관계에 나를 대면케 하면서 점점 효력을 발휘하는 것입니다. 내가 보기에 내 책이 효력을 발휘한 것은 1959년이었던 것 같습니다. 바로 그 시기에 앞에 말한 JJSS가 내게서 정치경제적 능력을 발견했던 것입니다. 나는 더 이상 '낯선 것'에만 몰두할 필요가 없었습니다. 글 쓰는 활동은 물질적 현실의 무게와 타인 앞에 나서는 일을 감당할 수 있게 해줍니다.

1959년에서 60년 사이에 쓴 내 글 「늙어간다는 것」*은 내가 청소년기에 고하는 작별이자, 들뢰즈와 가타리가 '욕망의 무한화'라 부른 것, 조르주 바타유가 '가능한 것의 통괄성'이라 부른 것에 대한 포기입니다. '욕망의 무한화'나 '가능한 것의 통괄성'에는 모든 결정의 무한한 부정에 의해서만 다다를 수 있습니다. 무無이고자 하는 의지는 전체가 되고자 하는 의지와 결국 하나입니다.「늙어간다는 것」의 마지막에는 나 자신에게 권고하는 이런 구절이 나옵니다. "끝났음을 받아들여야 한다. 즉 여기에 있음으로써 다른 아무 곳에도 없음을, 이것을 함으로써 다른 것을 하지 않음을 받아들여야 한다. '지금'이지, '결코'나 '항상'이 아님을 받아들여야 한다. (…) 오직 이 생밖에 없음을 받아들여야 한다."

1958년인가 1959년인가까지 나는 『배반자』를 쓰고도 내 욕망을 해소하지 못했음을 의식하고 있었습니다. '아무것도 아니고자, 무無이고자, 내 안에서 온전한 존재이고자, 객관화할 수 없고 다른 것으로 대체할 수 없는 존재이고자 하는' 욕망 말입니다. 그걸 충분히 의식했기에 이렇게 쓸 수 있었던 겁니다. "나 자신에 관한 이런 성찰은 (비실존에 대한) 근본적 선택을 필연적으로 확인하고 연

● 「Le Vieillissement」, 1962년 〈레 탕 모데른〉에 실렸으며 2005년 포켓판으로 나온 『배반자』의 부록으로 재수록됐다.

장해갔다. 그러기에 그 선택은 재고의 여지가 없었다." 그렇게 쓴 이유는 단지 그 성찰이 나를 끌어들이지 못했기 때문만이 아니라 내 편에서 적극 거기에 참여하지 않았기 때문이기도 합니다. 내가 삼인칭으로 글을 쓰기로 한 것은 나 자신과 한통속이 되는 것을 피하기 위해서입니다. 나 자신과 한통속이 된다는 것은 나 자신에게 영합하는 것입니다. 삼인칭 서술은 나를 나 자신과 거리를 두게 했고, 중립적이고 약호화된 언어로 내가 존재하고 기능하는 방식에 관해 임상적 초상肖像을 그릴 수 있게 해주었습니다. 이 초상은 종종 가혹하면서 조롱으로 가득 차 있습니다. 나는 자신과의 영합이라는 함정을 피하다 다른 함정에 빠져버린 겁니다. 가혹한 자기비판에 빠져버린 것이죠. 나는 보이지 않는 순수한 시선, 즉 모든 것을 낯설게 보는 시선이었습니다. 나는 나에 관해 드디어 깨달은 바를 나에 대한 지식으로 변형시켰고, 그렇게 하면서도 결코 내가 '타자'로 인식했던 이 '나'와 하나가 되지 못했습니다. 『배반자』는 끊임없이 그것을 확인시킵니다. '자 봐, 나는 나라는 인간보다 우월해.' 나의 이러한 태도는 수많은 것을 규명해 줍니다. 그래서 이 모든 것을 당신에게 설명하는 것입니다.

Lettre à D.

『배반자』의 교정지를 나는 그저 슬쩍 훑어보기만 했습니다. 일단 책이 되어 나온 내 글을 나는 절대 다시 읽는 법이 없었습니다. '내 책'이라는 말이 나는 싫습니다. 그 말에서는 타자가 되어버린 주체가 타인들이 부여하는 장점들로 잔뜩 치장하는 어떤 허영심의 속성이 엿보입니다. 책은 더 이상 '내 생각'이 아닙니다. 왜냐하면 이제 책은 나에게서 벗어나 타인들에게 속하는 세상 한가운데 놓인 객체가 되어버렸기 때문입니다. 『배반자』를 쓰면시 나는 '책 한 권을 쓰는' 것이 아니기를 바랐습니다. 연구 결과를 내놓고 싶었던 것이 아니라 진행 중인 연구 자체를, 무언가가 갓 태어나는 상태를 발견하고, 그러다 망치기도 하고, 잘못된 길로 들어서기도 하면서, 완성되지 않은 하나의 방법을 더듬더듬 모색하며 만들어가는 연구 자체를 쓰고 싶었던 것입니다. "모든 것을 다 말하고 난 뒤에도 여전히 모든 것은 아직 말해져야 하는 상태로 남아 있다. 언제나 모든 것은 아직 말해져야 하는 상태로 남을 것이다." 다시 말해 중요한 것은 '말하는 행위'이지 '말한 내용'이 아니었기에, 나는 내가 이미 쓴 것보다 앞으로 이어서 쓸 수 있는 것에 훨씬 더 관심이 많았습니다. 글쟁이 혹은 작가라면 누구나 그럴 것이라고 생각합니다.

　　사실 『배반자』의 탐구는 제2장에서 멈춥니다. 제3장이 시작되기 전부터, 나는 내가 무엇을 발견하고 어떤 결론을 내릴지 '너무도 잘' 알고 있으니까요. 모리스 블랑쇼는 자신의 긴 글에서 바로 이 점에 주목했습니다. 결론에 해당하는 '나'라는 장章은 이미 제1장에서 내린 진단에 맞게 일관되고 종합적인 형식을 갖춰줄 뿐입니다. 결론 부분에는 그 어떤 발견도 나오지 않습니다. 제3장과 제4장은 온통 좀 더 발전될 다음 작품을 예고하는 주제와 성찰들로 가득 차 있습니다.

　　'너'라는 제목이 붙은 장은 딴곳으로 빠지는 여담이 매우 많은데, 주로 이 부분 때문에 책이 그렇게 되어버린 셈입니다. 『배반자』가 포켓판으로 출간되고 나서 그것을 발견하고 놀라지 않을 수 없었지요. 그 책의 포켓판이 나올 때 나는 교정지도 들여다보지 않았습니다. 20년 전 영국 버소 출판사에서 영어판을 낼 때 삭제했던 열 쪽 가까운 분량의 내용을 '너'라는 장에 도로 집어넣기 위해서 딱 한 번 본 것이 전부였습니다. 그때 잘라낸 부분은 특히 로맹 롤랑과의 논쟁, 그리고 깨알만 한 글자들이 꽉 들어

찬 네 쪽에 걸친 방대한 각주 부분이었습니다. 철학과 혁명에 관한 이 여담이 삽입되면서 '개인적 갈등을 갈등 일반의 형상으로 환원하는 (나의) 방식' 그리고 '모든 것이 일반적 관념의 우연적 예증일 따름인 생각의 왕국 속으로 도피하는' 나의 방식이 명확히 드러났습니다. 이러한 태도를 고스란히 드러내면서도 나는 전혀 굴하지 않고 그런 태도를 유지했습니다. '너'라는 장의 나머지 부분은 그에 관해 가히 희화적이라고 할 만한 예들을 여럿 보여줍니다.

「너」는 내 삶의 주요한 전환점을 분명하게 해줍니다. 그 장은 당신에 대한 내 사랑, 아니 좀 더 잘 표현하자면 당신과 함께 발견한 사랑이 어떻게 나에게 존재하고 싶다는 마음이 들게 했는지, 그리고 당신과의 결합이 어떻게 실존적 전향의 원동력이 되어갔는지를 보여줍니다. 이야기는 『배반자』를 쓰기 8년 전, 결코 당신과 떨어져 살지 않겠다고 맹세하던 그때에서 멈춥니다. 그 '계획표'는 그때 완성되었지요. 그러고 나서는 악보에 나오는 늘임표 같았습니다. 그 장은 주제를 바꾸어, 돈의 중심성을 서술하고, 소비 모델과 자본주의적 생활 방식을 비판하는 등 뒤이어 나올 책에서 다루게 될 것들을 담고 있습니다.

난감한 것은, 이 장에서 실존적 전향의 자취는 전혀 찾아볼 수 없다는 점입니다. 내가 그리고 우리가 사랑을 발견한 자취도, 우리의 이야기도 전혀 없습니다. 나의 맹세는 형식적일 뿐입니다. 나는 이 책에서 그 맹세를 받아들이지도 않거니와 구체화하지도 않습니다. 헛되이도 나는 그 맹세가 부끄러운 양, 보편적 원칙으로 정당화하려고 애를 씁니다. 나는 심지어 명석하게도 이런 지적까지 합니다. "내가 케이Kay에 대해 말할 때, 약점을 말하듯이, 변명조로, 마치 살아 있는 것을 미안해해야 한다는 듯이, 그렇게 말하는 게 아닌가?"

그렇다면 이 장에서, 책 전체에서도 그렇지만, 내게 그렇게 하도록 동기를 부여한 것은 무엇일까요? 당신 이야기를 할 때 나는 왜 건방지게도 당신 수준에 맞춰 나를 짐짓 낮추는 투로 말하는 것일까요? 책 속에서 내가 당신에게 할애한 부분은 정말 적지만, 그 적은 부분에서마저 당신은 왜 일그러지고 모욕당한 모습일까요? 그리고 우리 이야기를 암시하는 편린들이, 내가 오랫동안 즐겨 분석한 실패의 이야기, 단호한 결별의 이야기와 교차하는 것은 무슨 까닭일까요? 나는 글을 다시 읽고 망연자실하여

Lettre à D.

그런 질문들을 스스로에게 던져보았습니다. 첫번째 동기가 된 것은, 내가 겪고 느끼고 생각하는 것을 초월하여 그것을 이론화하고 이성적으로 체계화하여 투명하고 순수한 정신이 되어야 한다는 강박적 요구였습니다.

글을 쓰는 내내 그것이 동기가 되었습니다. 『배반자』에서 그것은 더 분명히 드러납니다. 나는 당신에 대한 이야기를 할 때, 당신이 내가 진정 사랑한 유일한 여자라고 힘주어 말합니다. 그리고 우리의 결합에 대해서는, 그것이 우리 둘의 인생에서 가장 중요한 결정이라고 말합니다. 하지만 이 이야기는 나에게 와 닿지 않습니다. 그 결정을 내린 뒤 『배반자』를 쓰는 사이에 흘러가버린 7년도 나를 사로잡지 못합니다. 처음으로 열렬히 누구를 사랑한다는 것, 그리고 그 사람의 사랑을 받는다는 것, 이것은 누가봐도 너무도 평범하고 사적이고 흔한 일이었습니다. 이런 소재로는 보편적인 것에 이를 수 없었던 것입니다. 반면에 난파한 사랑, 불가능한 사랑은 고귀한 문학의 소재 아니겠습니까. 나는 성공과 긍정의 미학 속에서 편치 못했고, 실패와 소멸의 미학 속에서 비로소 편안함을 느꼈습니다. 나는 우리를, 당신을 딛고, 우리 개별 인간을 초월하는 고찰을 통해 나와 당신을 넘어서려 했습니다.

'너'라는 장의 목표는 그런 태도를 폭로하고, 그런 태도가 우리를 결별의 언저리까지 이끌었음을, 또 당신을 잃지 않으려면 당신 없이 내 추상적 원칙에 따라 살든가 아니면 이런 원칙들에서 벗어나 당신과 함께 살든가 둘 중에서 하나를 선택해야 했음을 보여주는 데 있습니다. "그는 원칙 대신 케이를 선택했다. 그러나 내키지 않은 채 별생각 없이 그렇게 했던 것이다." 이때 '별 생각 없이'라는 말은 그저 원칙상의 희생이 아니라 지극히 실제적이었던 당신의 희생을 알아차리지 못했다는 뜻입니다.

내가 '전향'이라고 표현해놓고 그다음에 그 전향을 뒤엎는 열한 줄의 글로 재를 뿌린 꼴이 되었습니다. 나는 1948년 그해 봄의 내 모습을 있는 그대로 묘사했습니다. 도저히 살 수 없는 상태였던 내 모습을. "6제곱미터의 공간에서 함께 살게 된 다음부터 (…) 그는 집에 들어오고 나갈 때 한마디도 하지 않았으며 논문 쓰는 것으로 그 시절을 보냈고, (케이에게는) 참을성 없는 외마디소리로 대답했다. '당신은 당신 하나만 있으면 족하군요'라고 케이는 말하곤 했다. 그의 삶에는 누구를 위한 자리도 없었다

Lettre à D.

는 것은 맞는 말이다. (…) 왜냐하면, 그는 특정 개인으로 칠 수 없는 사람이었고, 누군가가 특정 개인으로서 그에게 애착을 갖는다는 데 별 관심이 없었기 때문이다." 그다음 한 쪽은 온통 내가 스스로 '사랑과 결혼에 관한 오만방자한 소고小考'라고 평한 내용으로 채워집니다.

  마치 나는 지난날의 내 모습을 엄중히 비판하고 있는 듯합니다. 하지만 7년 뒤, 1955년 아니면 1956년에 씌어진 이 한 쪽 반짜리 글 속에, 어째서 당신에 대해 쓰면서 스위스에 와서 반년을 살았어도 "아는 사람 하나 없고" "프랑스어라고는 한마디도 못하는" 가여운 처녀라고 달랑 여섯 줄로 적어놓았을까요? 그 시절 당신은 나름의 친구들이 있었고 나보다 돈도 잘 벌었으며 영국에서는 당신과 결혼하기만을 일편단심 기다리는 남자친구가 있었다는 것을 알고도 말입니다. 그다음에 이런 밉살스런 문장은 왜 집어넣었을까요? "그가 떠나보냈더라면 어떻든 망가져버렸을 케이." 그 뒤로 아홉 쪽을 더 넘기면 내 '맹세'에 관한 이야기 속에 또 재를 뿌릴 다섯 줄이 들어 있습니다. 당신은 내게 분명히 말했지요. "우리가 그저 한순간만 함께 있는 거라면, 당신은 흠 없는 우리 사랑의 추억을

간직한 채 지금 당장 떠나는 게 나아요." 제멋대로였던 내 태도로 미루어, 당신에게서 이런 말이 나올 법했지요. 나는 한방 맞은 꼴이었습니다. 그런데도 다시 당신을 이렇게 '가여운 처녀'로 표현합니다. "(…) 만약 그가 케이를 떠나보낸다면, 그녀가 어디선가 떠돌고 있을 거라는 생각을 평생 지울 수 없다면 (…) 그의 추억은 훗날 환자에 대한 헌신이나 가족에 대한 의무감 뒤에 숨어들어 (…) 그는 배반자가 되고 비겁자가 되었을 것이다. 그리고 설령 그녀와 함께 살 수 있을 것이라고 확신은 못한다 하더라도, 그녀를 잃고 싶지 않다는 것은 확실했다. 그는 케이를 꼭 껴안고 나서, 놓아주듯이 말했다. '당신이 떠난다면, 나도 당신을 따라가겠소. 당신을 떠나보내고는 못 견딜 것 같아.' 그리고 잠시 뒤 한마디 덧붙였다. '절대로.'"

　　글로는 이렇게 썼지만 실제로 나는 그때 이렇게 말했습니다. "당신을 사랑해." 하지만 그런 것은 글 속에 나오지 않지요. 그렇다면 나는 왜 우리가 만약 헤어진다면 나보다는 당신이 더 힘들 것이라고 믿어 의심치 않는 척했을까요? 실은 그 반대라는 걸 털어놓지 않으려고? "(당신의) 삶이 어떻게 흘러가게 될지"에 대한 책임은 나에게 있다고 왜 말했을까요? "(당신의) 인생을 살 만하게 만들어주는" 일이 내 몫이라고는 또 왜 말한 것일까요? 도합 열한 줄로 된 재를 난 스무 쪽에 걸쳐 세 번 뿌려댔던 겁니다. 하찮은 세 번의 붓놀림으로 당신을 깎아내리고, 당신의 모습을 왜곡했습니다. 우리가 실제 겪은 일을 7년 후에 쓰면서 말입니다. 그 세 번의 붓놀림이 우리 삶에서 7년의 의미를 앗아갔습니다.

그 열한 줄의 글을 누가 썼습니까? 그 열한 줄을 쓸 때 나는 누구였는가 말입니다. 그 일곱 해를, 그리고 그때 당신이 나에게 되어주었던 바로 그 '당신'의 모습을 우리에게 되살려주어야 한다고 통감할 뿐입니다. 나는 이미 여기서 우리 사랑과 우리 부부 이야기의 큰 자락을 복원하려고 노력했습니다. 그 글을 쓰던 시절을 난 아직 샅샅이 되짚어보지 못했습니다. 하지만 거기서 나는 설명을 찾아내야만 합니다.

1955년은 그런대로 행복한 해로 기억됩니다. 그때 나는 다른 신문사로 옮기려던 참이었습니다. 우리는 대서양을 바라보는 해안에서 휴가를 보냈습니다. 파리 11구의 집에 살 때 나는 불안에 시달리며 『배반자』를 쓰기 시작했습니다. 그해 마지막 날 우리는 바크 거리의 집을 계약했지요. 그때 우리는 행복하게, 희망찬 몇 달을 살았습니다.

하지만 글을 차츰 써가면서 원고는 점점 더 정치적인 생각들로 가득 찼습니다. '너'라는 장에는 개인적이고 사적인 관계들을 고집스럽게 채워넣었습니다. 인간을 소외시키는 사회적 관계의 맥락에서 드러나는 사랑과 부부의 관계를 포함해서 말이죠. 앙드레 지드는 그의 『일기』 어디에선가 이렇게 썼습니다. 항상 한 작품에서 쓴 것과 정반대되는 내용을 다음 작품에서 써야 할 것 같은 느낌이 든다고 말입니다. 내 경우도 그랬습니다. 나 자신을 탐구하는 것은 말 그대로 막다른 골목에 들어서는 것이었습니다. 두 번 다시 그렇게 쓸 수 없습니다. 나는 이미 장 이브 칼베즈의 『마르크스』와 마르크스의 젊은 시절 저작과 아이작 도이처의 『스탈린』을 읽으면서 막연히 다음 작품을 준비하고 있었습니다. 제20차 소련 공산당 전당대회에서 흐루시초프가 한 연설은 대전환을 예고하는 것으로, 공산주의 운동에서 지식인이 결정적 역할을 할 수 있게 될 것이라고 나는 믿었습니다. 나는 폴란드 작가 카지미에

시 브란디스가 『수류탄 옹호』에서 묘사한 어느 극단의 단원들과 닮아가기 시작했습니다. 그 단원들은 자기들의 정신과 마음의 모든 움직임이 당의 요구에 합치하기를 원합니다. 그래서 각자 자기를 탓하고 서로가 서로를 탓합니다. 자기의 맡은 바 과업에 대해 속으로는 내키지 않아 하고 망설이는 마음을 품고 있다고 말입니다. 당시 나는 사랑이라는 것을 프티부르주아의 감정으로 치부하는 쪽에 가까웠습니다.

      나는 "(당신에 대해 말할 때) 약점을 말하듯이, 변명조로" 말했습니다. (『배반자』에 나오는 이 부분은 지금 와서 보면 그 의미가 충분히 살아납니다.) 나는 적어도 내가 쓴 글에서, 당신이 내게 보인 애착은 약점이라고 생각했습니다. 그 시절 프랑수아 에르발이 한번은 내게 이렇게 말하더군요. "당신은 혁명적인 것에 병적 애착이 있소." 당신은 친親공산주의 쪽으로 기우는 나를 때로는 걱정하며 때로는 화를 내며 지켜보았습니다. 그러는 중에도 당신 덕분에 나는 우리의 사적인 공간이, 우리가 함께하는 삶이 넓어지는 것을 기뻐하게 되었습니다. 카프카가 『일기』에 쓴 다음과 같은 말이 당시의 내 마음 상태를 요약해주는군요.

"당신에 대한 나의 사랑은 스스로를 사랑하지는 않는다."
나는 당신을 사랑하는 나 자신을 사랑하지 않았던 겁니다.

마침내 나는 깨달았습니다. 내가 공산주의자 쪽에 참여한다면 그건 옳지 않은 이유 때문이며, 머지않아 지식인은 프랑스 공산당의 변혁을 추동할 수 없게 되리라는 것을. 1957년 초에 우리가 새로 알게 된 사람들은 확실히 내가 변화하는 데 도움이 되었습니다. 그때 새로 읽은 책들, 특히 데이비드 리스먼과 C. 라이트 밀스의 책들도 그랬지요.

『배반자』가 마침내 출간되자, 내가 당신에게 무엇을 빚지고 있는지 나는 알게 되었습니다. 당신은 내가 나 자신이 될 수 있게 돕느라고 당신의 모든 것을 준 사람입니다. 내가 당신에게 『배반자』한 권을 주면서 맨 앞에 써 준 헌사는 이랬습니다.

'케이'로 불리는 당신. '당신'을 내게 줌으로써 '나'를 내게 준 사람에게.

결국 '내 책'이 된 그 『배반자』를 쓸 때 이 헌사 같은 생각을 좀 더 발전시켜서 썼더라면 얼마나 좋았을까요.

Lettre à D.

그 뒷이야기를 말하려면, 조금 앞 시간으로 되돌아가야겠습니다. 바크 거리에 사는 동안 우리는 차츰 물질적으로 전보다 윤택한 생활을 하게 되었지요. 하지만 우리는 한 번도 생활과 소비 수준을 우리의 구매력 수준에 맞춰 높인 적이 없었습니다. 이 문제에 관해서 우리 둘 사이에 암묵적인 동의가 있었지요. 우리는 가치관이 똑같았습니다. 삶에 의미를 주는 것은 무엇인지, 삶에서 의미를 앗아가는 것은 무엇인지, 이런 것의 개념이 같았던 것이지요. 내가 기억하는 한 나는 늘 '호사스러운' 생활 방식과 낭비를 싫어했습니다. 당신은 유행을 거부하고 당신 나름의 기준에 따라 유행을 판단했지요. 필요 없는 것을 공연히 필요하게 만드는 광고아 마케팅에 휘둘리지 않으려 애썼고요. 휴가 때면 우리는 스페인에서 민박을 하거나, 아니면 이탈리아의 허름한 시골 여인숙이나 소박한 여관에 묵었습니다. 우리가 현대식 큰 호텔에 처음으로 묵은 것은 1968년 멕시코의 푸뇨치우소에서였지요. 그 뒤 10년이 지나 우리는 결국 낡은 오스틴 차를 한 대 샀습니다. 차를 샀다고 해도 개인의 자가용 소유가 가증스런 정치적 선택이라는 생각에는 변함이 없었습니다. 고만고만한 삶에서 벗어날 수 있는 가능성을 준다고 큰소리치면서 사실은 개개인을 서로 경쟁시키는 짓 말입니다. 가계비용 지출에 대해서는 늘 당신이 예산을 정해놓고 돈을 관리했지요. 그때를 떠올리니 당신이 일곱 살 때부터, 진정한 사랑은 돈을 무시할 수 있어야 한다고 결론내린 것이 생각납니다. 당신은 돈을 무시했어요. 우리는 종종 돈을 기부하곤 했습니다.

우리는 주말을 시골에 가서 보내는 것이 습관이 되었습니다. 그러다가 나중에는 매번 여인숙이나 여관에서 묵지 않아도 되게, 파리에서 50킬로미터 떨어진 곳에 작은 집 한 채를 샀습니다. 우리는 날씨가 좋건 나쁘건 그곳에 가면 두 시간씩 산책을 했지요. 살아 있는 모든 것과 잘 통하는 당신은 내게 들판과 숲과 동물들을 바라보고 사랑하는 법을 알려주었습니다. 당신이 그들에게 말을 하면 다들 어찌나 당신의 목소리를 주의 깊게 듣던지 마치 당신의 말뜻을 알아듣는 것 같았지요. 당신은 내게 삶의 풍부함을 알게 해주었고, 나는 당신을 통해 삶을 사랑했습니다. 아니, 삶을 통해 당신을 사랑한 건지도 모르겠군요. (결국은 그게 그 말이지만요.) 작은 그 시골집으로 이사하고 얼마 안 돼서 당신은 회색 줄무늬 고양이를 집에 들였습니다. 굶주린 행색으로 우리 집 현관문 앞에서 항상 문을 열면 기다리고 있던 고양이였지요. 고양이 피부에 오른 옴도 치료해주었습니다. 고양이가 처음으로 내 무릎에 뛰어올라 앉았을 때, 나는 정말이지 영광스럽기까지 했답니다.

우리의 윤리—감히 '윤리'라고 부를 수 있다면—덕분에 우리는 1968년 5월 혁명과 그 후의 일들을 기쁘게 맞이할 준비가 되어 있었습니다. 우리는 단박에 프롤레타리아 좌파보다는 혁명만세단 쪽을, 그리고 베니 레비*와 〈민중의 대의〉**보다는 티에노 그룸바크***와 그의 망트 투쟁공동체 쪽을 편들었습니다. 외국에서 나는 5월 운동의 선구자, 아니 심지어 그 운동의 정신적 지주로 통하고

---

* 1945~2003, 프랑스의 철학자이자 작가. 일명 피에르 빅토르. 1974년부터 사르트르가 죽을 때까지 그의 비서를 지냈다. 베르나르 앙리 레비 등과 예루살렘 에레비나스 연구소를 세웠다. 1970년대 좌파운동의 선봉장으로 활약했다. ** 베니레비가 주축이 되어 발간했던 프롤레타리아 좌파 신문으로 1970년대 폐간되었다. *** 혁명만세단의 공동 창설자. 공산주의 청년연합의 운동가로 활동했고 그 뒤 변호사로 활약하며 노조와 봉급생활자들의 변론만을 맡았다. 프랑스 변호사 노조위원장을 역임했고 현재는 파리 소sceaux 노동사회과학연구소 소장을 맡고 있다.

있었습니다. 당신과 나는 함께 벨기에, 네덜란드, 영국에, 그리고 1970년에는 미국 매사추세츠 주 케임브리지에 갔습니다. 그보다 5년 전에 갔던 뉴욕에서 이미 우리는 낭비, 스모그, 케첩 바른 감자튀김과 코카콜라, 거칠고 지옥 같은 리듬의 도시생활로 대표되는 미국 문명을 혐오했었지요. 그러나 머지않아 이 모든 것이 파리에도 예외 없이 들이닥치리라는 것을 우리는 미처 짐작하지 못했습니다. 케임브리지에서 우리를 초대해준 사람들이 새로운 사상에 호의와 관심을 갖고 있다는 걸 알고서 무척 기뻐했지요. 우리는 겉으로 드러난 사회의 껍질 아래 깊숙이 둥지를 틀면서 언젠가는 힘이 생겨 빛을 볼 날을 기다리는 대안사회를 발견한 것입니다. 그때까지 '실존주의자들', 즉 정치권력에 아무것도 기대하지 않고 다른 방식으로 함께 살아가며 대안적 목표를 실천하려고 꾸준히 시도하면서 '삶을 바꿀' 결심을 한 사람들을 그렇게 많이 본 적이 없었습니다. 우리는 미국 워싱턴의 어느 '싱크 탱크' 역할을 하는 사람의 초대도 받았습니다. 당신은 '빵과 장미'*의 회의에 여러 차례 초대받았고, 나 또한 참석해도 좋다는 허락을 받았습니다. 파리로 돌아오면서 당신은 책을 여러

권 챙겨왔는데 그중에는 『우리의 몸, 우리의 자아』라는 책도 있었습니다. 우리는 공통의 세계가 있었고, 그 세계의 여러 다른 측면들을 인식하고 있었습니다. 그러한 다양성이 우리를 풍요롭게 했습니다.

미국 체류 덕분에 우리의 주요 관심사가 변하게 되었지요. 계급투쟁의 고전적 형태와 목표로는 사회를 변화시킬 수 없다는 것, 노조의 투쟁은 새로운 토대로 옮겨가야만 한다는 것을 나는 깨달았습니다. 이듬해 여름, 우리는 약 스무 명이 참석하기로 한 멕시코 쿠에르나바카 세미나를 위한 글을 정말 열심히 읽었습니다. 장 다니엘이 어떻게 그 글을 입수했는지는 모르겠습니다. 그는 나에게 신문에 실을 수 있도록 그 글을 요약해달라고 했습니다. 그 글의 가제는 '사회 개조'였습니다. 경제 성장을 계속 추구하면 여덟 가지 측면에서 인류를 위협하는 수많은 재난이 발생한다고 확언하면서 그 글은 시작되었습니다. 그 속에서 자크 엘륄**과 귄터 안더스*** 사상의 영향을 찾아

* Bread & Roses, 좌파 성향의 미국 여성운동 단체. ** 1912~1994, 프랑스의 사상가이자 역사학자, 신학자, 사회학자. *** 1902~1992, 물질문명을 비판한 독일의 사상가이자 에세이스트. 철학자로 불리는 것을 거부했다.

볼 수 있었습니다. 즉 산업의 팽창은 사회를 거대한 기계로 바꾸어놓는데, 그 기계는 인간을 해방하기는커녕 인간이 자율적으로 행동할 공간을 제한하며, 인간이 추구해야 할 목적과 그 추구 방식을 결정해버린다는 것이지요. 우리는 이 거대한 기계의 종이 되어버리는 것입니다. 그렇게 되면 인간을 위해 생산하는 것이 아니라, 생산을 위해 인간이 존재하게 됩니다. 그리고 온갖 서비스가 동시에 전문화함에 따라 우리 인간은 스스로를 책임지고, 자기 요구를 스스로 결정하고 충족시키는 능력을 잃게 됩니다. 어느 모로 보나 우리는 '사람을 무력하게 만드는 직업들'에 종속되는 것입니다.

　　우리는 여름 휴가 동안 이 글을 갖고 토론했습니다. 그 글을 쓴 사람은 이반 일리치*였습니다. 그는 '자기관리'의 개념을 정립했는데, 그것은 당시 좌파 전체에 새로운 관점으로 유행하던 개념이었습니다. 그는 '기술비판'과 생산 기술 재정비의 시급성을 확인해주었습니다. 그 논의의 주창자를 우리는 이미 하버드 대학교에서 만난 적 있었지요. 그는 자율공간을 확장하되 그 자율공간을 단지 사적으로만 여겨서는 안 된다는 우리의 주장을 정당화해 주었습니다. 아마도 진정한 집을 지으려는 우리 두 사람의 계획에도 그 사람이 한몫을 했을 것입니다. 당신은 여름 휴가 동안 새 집의 밑그림을 그렸지요. U자형의 집이었어요.

이로써 우리는 훗날 정치생태주의가 될 사상을 성숙시키는 새로운 시대로 접어들었습니다. 정치생태주의는 우리에게 1968년의 여러 운동과 사상의 연장으로 보였습니다. 우리는 〈아가리를 벌리고〉**와 〈야생〉***의 사람들, 미셸 롤랑과 로베르 라퐁슈 등과 자주 만나면서 기술과학, 에너지 정책, 삶의 방식의 다른 방향을 모색했습니다.

우리가 일리치를 처음 만난 것은 1973년이었습니다. 그는 이듬해에 개최될 예정인 의학 세미나에 우리를 초청하고 싶어 했지요. 그의 기술의학 비판이 머지않아 우리의 개인적 관심사와 일치하리라고는 미처 상상하지 못했습니다.

---

* 1926~2002, 오스트리아에서 태어나 독일에서 사망한 정치생태주의의 대표 사상가이자 산업사회 비판 분야의 상징적 존재. ** 〈La Gueule ouverte〉, 1972년 창간된 생태주의 월간지. *** 〈Le Sauvage〉, 1973년에서 1982년 사이에 발간된 생태 문제를 다룬 일간지.

1973년 당신은 갈릴레 출판사에서 저작권 부서를 만드는 일을 하고 있었습니다. 그때부터 3년간 그 부서를 맡아 관리하게 되었지요. 주말이면 우리는 신축 중인 우리 집의 공사장에 도시락을 싸가지고 갔습니다. 모든 것이 우리를 하나로 엮어주었어요. 하지만 당신의 삶은 원인 모를 근육위축과 두통으로 망가지고 있었습니다. 물리치료사는 당신의 신경이 지나치게 예민해진 상태라서 그런 것 같다고 했지요. 담당의사는 여러 검사를 해봐도 소용이 없자 진정제를 처방해주었습니다. 진정제를 복용하니까 우울증이 와서 종종 우는 일이 생기니 당신 스스로도 깜짝 놀랐지요. 그 뒤로 다시는 진정제를 복용하지 않았습니다.

이듬해 여름, 우리는 멕시코 쿠에르나바카에 갔습니다. 거기서 나는 일리치가 『의학의 네메시스』를 쓸 것을 염두에 두고 모아놓은 자료를 연구했습니다. 그 책이 나오면 내가 기사를 쓰기로 미리 이야기가 되어 있었습니다. 첫 기사의 제목은 '약이 병을 줄 때'였습니다. 지금 같으면 이 제목은 누가 보아도 명백한 사실을 말하고 있다고 생각할 것입니다. 하지만 당시 의사들에게서 받은 편지 중에 내 기사를 공격하지 않은 편지는 단 세 통뿐이었습니다. 그중 한 통은 쿠르페이엔이라는 의사가 보낸 것이었습니다. 그는 증후군과 질병의 차이를 강조하면서 건강의 전인적 개념을 강조했습니다.

당신의 건강 상태가 심하게 악화되자 나는 그 의사를 만나러 갔습니다. 당신은 눕지도 못할 만큼 머리가 아프다고 했습니다. 밤새도록 발코니에 서 있거나 의자에 앉아 있을 수밖에 없을 만큼 통증이 심했지요. 우리 둘은 모든 것을 공유한다고 믿고 싶었는데, 당신만 혼자 그런 고통을 겪고 있었습니다.

쿠르페이엔이 당신의 머리부터 척추 전체를 방사선으로 촬영해보고는, 척추관에 뿌린 조영제造影劑가 허리부터 머리까지 구슬처럼 발견된다고 했습니다. '리피오돌'이라는 이 물질은 8년 전 당신이 허리디스크로 전신 마취 수술을 받기 전에 주사로 당신 몸에 주입된 물질입니다. 당시 방사선과 의사는 "열흘이면 저절로 없어진다"며 당신을 안심시켰지요. 하지만 8년 뒤, 그 액체의 일부가 당신의 두개골로 올라갔고, 일부는 목 부위에서 낭종이 된 것입니다.

쿠르페이엔은 거미막염이라는 진단 결과를 나에게만 알려주었습니다. 그 병은 진행성 염증으로 어떤 치료법도 없다고 했습니다.

나는 의학잡지에 발표된 골수에 관한 논문을 서른 편이나 구해서 읽어보았습니다. 몇몇 논문의 저자에게 편지도 썼습니다. 그중 한 사람, 스칼페라는 노르웨이 의사가, 사람과 실험용 동물을 해부하여 연구한 결과 리피오돌이라는 물질은 절대 제거되지 않고 병변을 일으켜 점점 심해진다고 알려주었습니다. 그의 편지는 이렇게 끝납니다. "제가 치료하면서 그 물질을 한 번도 사용하지 않은 것을 하느님께 감사할 뿐입니다." 또 미국 텍사스의 베일러 의과대학 신경과 교수의 편지도 받았는데, 그 편지 또한 힘을 얻을 수 있는 내용은 아니었습니다. "거미막염은 골수의 띠와 때로는 뇌를 감싸고 있는 가느다란 섬유들이 상처를 지닌 섬유를 만들어 골수의 띠를 압박하고 그 띠 속으로 들어가서는 그 띠에서 나오는 신경 뿌리까지 압박하는 병입니다. 이로 인해 다양한 형태의 마비와 통증이 생길 수 있습니다. 몇몇 신경을 차단하는 방법이나 약물치

료가 도움이 될 수도 있습니다."

　　　의학에서는 더 이상 기대할 바가 없었지요. 당신은 진통제를 습관적으로 복용하며 진통제에 계속 의존하는 짓은 하지 않기로 했습니다. 대신 자기 몸과 병과 건강을 알아서 관리하기로 결심했지요. 의학적 기술과학이 당신의 몸과 당신 사이의 관계를 마음대로 휘두르게 하는 대신, 자기 생명에 대해 스스로 권한을 갖겠다는 것이었습니다. 당신은 같은 병을 앓는 환자들의 국제적 네트워크와 접촉했습니다. 그들도 처음에는 당신처럼 무지의 벽에, 때로는 의료진의 몰이해와 악의라는 벽에 부딪혔지만, 이제는 이렇게 네트워크를 만들어 정보와 조언을 나누며 상부상조하고 있었습니다. 당신은 요가부터 시작했습니다. 고전적인 자기수련 방법을 통해 고통을 다스리면서 자기 몸을 통제했던 것이지요. 당신 생각에는 자기 병을 이해하고 스스로를 감당할 힘을 기르는 것만이 그 병의 지배를 받지 않고 또 전문가랍시고 당신을 수동적인 의약품 소비자로 바꾸어놓는 사람들에게 좌지우지되지 않는 유일한 방법이었던 겁니다.

　　　당신의 병 때문에 우리는 생태주의와 기술비판이

라는 영역으로 되돌아오게 되었습니다. 신문기사를 쓰기 위해 대체의학에 관한 자료를 준비하면서도 내 생각은 당신을 떠나지 않았습니다. 내가 보기에, 기술의학이란 훗날 푸코가 '생체권력'이라 부르게 된 것, 즉 각자가 자신과 갖는 내밀한 관계조차도 기술적 장치들이 장악하는 권력 중에서도 유독 공격적인 형태가 아닐까 싶었습니다.

2년 뒤, 우리는 다시 한 번 쿠에르나바카에 초대를 받았습니다. 그다음에는 버클리, 그다음에는 샌디에이고 근처의 라 호이아에 있는 마르쿠제의 집에 가기로 되어 있었습니다. 나는 당신 몰래 등 뒤에서 당신 사진을 찍었습니다. 당신은 라 호이아의 드넓은 해변에서 바닷물에 두 발을 담근 채 걷고 있습니다. 당신은 쉰두 살입니다. 당신은 참 아름답습니다. 그 사진은 내가 참 좋아하는 당신 사진 중 하나예요.

집에 돌아와서 내가 오래오래 그 사진을 보고 있는데 당신이 말했지요. 아무래도 암에 걸린 게 아닌지 모르겠다고. 이미 미국으로 떠나기 전에 혼자서 의심하고 있었는데 내게 그 이야기를 하고 싶지 않았다고요. 왜? "만

Lettre à D.

약 죽을병이라면, 죽기 전에 캘리포니아를 보고 싶었어요." 침착하게 당신이 말했습니다.

당신이 의심하던 자궁내막암은 매년 한 번 하는 정기검진에서는 발견되지 않았습니다. 나중에 진단이 내려지고 수술 날짜까지 잡은 상태에서 우리는 당신이 구상한 새 집에 일주일간 가 있었습니다. 나는 끌로 당신 이름을 돌에 새겼지요. 그 집은 마법의 집 같았습니다. 모든 공간이 사다리꼴이었지요. 방의 창문을 열면 나무들의 우듬지가 보였습니다. 첫날 밤, 우리는 잠을 이루지 못했습니다. 당신과 나는 서로의 숨소리에 귀 기울였지요. 그러고 있는데 밤꾀꼬리 한 마리가 울기 시작하더니, 좀 더 멀리서 다른 한 마리가 그 소리에 화답했습니다. 우리는 거의 아무 말도 하지 않았습니다. 다음 날 하루 종일 나는 정원에서 땅을 파면서, 이따금 고개를 들어 우리 방 창문을 쳐다보았습니다. 당신은 꼼짝 않고 거기 서서 먼 곳만 건너다보고 있었지요. 당신이 두려움 없이 죽음과 맞서기 위해 죽음을 길들이고 있던 거였다고 나는 확신합니다. 말없이 그렇게 있던 당신 모습이 너무도 아름답고 결연해서 당신이 삶을 단념할 거라고는 상상도 할 수 없었지요.

나는 신문사에 휴가를 내고 병원에 입원한 당신과 함께 있었습니다. 병원에 간 첫날 밤, 열린 창문으로 슈베르트의 교향곡 제9번 전곡이 들려왔습니다. 그 가락이 내 가슴에 아로새겨졌습니다. 병원에서 보낸 매 순간을 나는 기억합니다. 매일 아침 와서 당신 상태를 살펴주곤 하던 국립과학연구소 소속 의사인 친구 피에르가 내게 말했지요. "자네는 지금 남들이 겪지 않는 격렬한 순간들을 겪고 있는 거야. 앞으로 이 순간을 영원히 기억하게 되겠지." 나는 암 전문의가 선고한 5년이라도 당신이 살 수 있는지 알고 싶었습니다. 피에르는 대답을 갖고 왔지요. "반반이야."

앞으로는 우리를 미래에 투사하지 말고 이번에야말로 정말 우리의 '현재'를 살아야 하는구나 하고 생각했습니다. 나는 미국에서 가져온 어슐러 르귄*의 책 두 권을 읽었습니다. 그 책 덕분에 이런 결심을 할 힘이 생겼습니다.

퇴원을 하고 우리는 집으로 돌아왔습니다. 당신의 활기찬 모습을 보니 나는 기쁘기도 하고 안심도 되었습니다. 당신은 죽음에서 벗어났고, 당신 삶은 새로운 의미, 새로운 가치를 띠게 되었습니다. 몇 달 뒤 당신이 저녁모임에서 일리치와 다시 만났을 때, 일리치는 단박에 그걸 알

Lettre à D.

아차렸습니다. 그는 당신 눈을 오래 바라보더니 이렇게 말했지요. "다른 세상을 보고 오셨군요." 당신이 그 말에 대답을 했는지, 아니면 당신과 일리치가 다른 이야기를 나누었는지 나는 모릅니다. 하지만 일리치는 곧바로 내게 이런 말을 해주었습니다.

"그 눈길! 부인이 자네에게 어떤 존재인지를 이제 알겠어."

그는 이번에도 또 우리를 쿠에르나바카의 자기 집에 초대했습니다. 있고 싶은 만큼 있으라는 말과 함께요.

당신은 '다른 세상'을 보고 온 사람입니다. 한 번 가면 아무도 못 돌아오는 나라에서 돌아온 사람입니다. 그 때문에 당신의 눈빛이 달라졌습니다. 우리는 약속이나 한듯 똑같은 결정을 내렸습니다. 낭만적 영어로 하면 이렇게 요약되지요.

There is no wealth but life••

• 1929~2018, 미국 작가. 특히 판타지 소설과 SF 소설로 유명하다. •• "삶이 없는 한 풍요도 없다." 존 러스킨이 한 말이다.

당신이 회복하는 동안, 나는 예순 살이 되면 은퇴를 해야겠다고 결심했습니다. 예순 살이 될 때까지 몇 주 남았는지 헤아리기 시작했습니다. 나는 음식을 만들고 당신이 힘을 되찾도록 도와줄 유기농산물을 사러 다니고, 어느 대체요법을 연구한 사람이 당신에게 권한 기막히게 잘 듣는 치료제를 바그람 광장에 가서 주문하곤 하는 일에 재미를 붙였습니다.

생태주의란 삶의 양식이 되고 매일의 실천이면서 끊임없이 또 다른 문명을 요구하는 것이더군요. 어느새 나는, 평생 무엇을 이루었으며 앞으로 무엇을 하고 싶은지 생각해보는 나이가 되어 있었습니다. 나는 내 인생을 직접 산 게 아니라 멀리서 관찰해온 것 같았습니다. 자신의 한쪽 면만 발달시켰고 인간으로서 무척 빈곤한 존재인 것 같았지요. 당신은 늘 나보다 풍부한 사람이었습니다. 당신은 모든 차원에서 활짝 피어난 사람입니다. 언제나 삶을 정면돌파했지요. 반면에 나는 우리 진짜 인생이 시작되려면 멀었다는 듯 언제나 다음 일로 넘어가기 바쁜 사람이었습니다.

내가 본질적인 것에 집중하기 위해 포기해야만 하

Lettre à D.

는 비본질적인 것은 과연 무엇인지 자문해보았습니다. 그리고 이렇게 혼잣말을 했습니다. 모든 분야에서 예고된 혼란의 폭을 이해하기 위해서는 상근직 신문기자라는 직장 생활로 얻을 수 있는 것보다 더 많은 성찰의 공간과 시간이 필요하다고 말이지요. 1981년 좌파가 승리했지만 나는 진정한 개혁은 조금도 기대하지 않았습니다. 모루아 정부의 장권 두 사람을 임명 다음날 만나보고는 당신에게 했던 말이기도 하지요. 20년간 일한 신문사를 떠나는 것이 내게도 다른 사람들에게도 힘든 일이 아니라는 게 놀라웠습니다. E에게 편지를 썼던 일이 생각납니다. 아무리 생각해도 내게 본질적인 단 하나의 일은, 당신과 함께 있는 것이라고 썼지요. 당신이 본질이니 그 본질이 없으면 나머지는, 당신이 있기에 중요해 보였던 것들마저도, 모두 의미와 중요성을 잃어버립니다. 최근 쓴 책의 헌사에서 당신에게 그 말을 했지요.

우리가 시골에 내려와 산 지도 어느덧 23년이 되었습니다. 처음에는 '당신이 구상한' 집, 명상적인 조화로움이 스며나오는 그 집에 살았습니다. 하지만 그걸 누린

건 3년뿐이었습니다. 근처에 원자력 발전소가 들어서는 바람에 그곳에서 쫓겨났지요. 우리는 다른 집, 아주 낡은 집을 구했습니다. 여름에는 서늘하고 겨울에는 따뜻한, 널찍한 마당까지 딸린 집이었습니다. 아프지만 않았다면 당신은 거기서 행복할 수 있었을 텐데요. 그저 풀밭이던 그곳에 당신은 울타리가 있고 관목들이 자라는 정원을 만들었습니다. 나는 나무 이백 그루를 심었습니다. 몇 년 동안, 우리는 계속 조금씩 여행을 했습니다. 그러나 차를 타게 되면, 조금만 흔들려도 바로 당신의 두통과 전신 통증이 시작되었습니다. 거미막염 때문에 당신은 좋아하는 일 대부분을 조금씩 손에서 놓을 수밖에 없었습니다. 당신은 고통을 용케도 감추었지요. 친구들은 당신이 아주 건강하다고 생각했으니까요. 당신은 끊임없이 글을 쓰라고 나를 격려했지요. 우리 집에서 살아온 23년 동안, 나는 책 여섯 권과 수백 편의 논문 그리고 대담집을 펴냈습니다. 세계 곳곳에서 찾아온 수십 명의 방문객을 맞았고 인터뷰도 수십 차례 했습니다. 나는 30년 전에 결심한 대로 살아오지 못했던 게 분명합니다. 현재에 충실하고, 무엇보다도 우리 둘이 함께하는 삶이라는 풍요에 집중하며 살자고 결심했는데 말입니다. 다급한 심정으로 그런 결심을 하던 순간들이 이제 다시 눈앞을 스치는군요. 지금은 집필하고 있는 대단한 작품이 없습니다. 나는 더 이상—조르주 바타유의 표현을 빌리자면—'실존을 나중으로 미루'고 싶지 않습니다. 우리가 처음 만났을 때처럼 나는 내 앞에 있는 당신에게 온 주의를 기울입니다. 그리고 그걸 당신이 느끼세 해주고 싶습니다. 당신은 내게 당신의 삶 전부와 당신의 전부를 주었습니다. 우리에게 남은 시간 동안 나도 당신에게 내 전부를 줄 수 있으면 좋겠습니다.

당신은 이제 막 여든두 살이 되었습니다. 그래도 당신은 여전히 탐스럽고 우아하고 아름답습니다. 함께 살아온 지 쉰여덟 해가 되었지만, 그 어느 때보다도 더, 나는 당신을 사랑합니다. 요즘 들어 나는 당신과 또다시 사랑에 빠졌습니다. 내 가슴 깊은 곳에 다시금 애타는 빈자리가 생겼습니다. 내 몸을 꼭 안아주는 당신 몸의 온기만이 채울 수 있는 자리입니다. 밤이 되면 가끔 텅 빈 길에서, 황량한 풍경 속에서, 관을 따라 걷고 있는 한 남자의 실루엣을 봅니다. 내가 그 남자입니다. 관 속에 누워 떠나는 것은 당신입니다. 당신을 화장하는 곳에 나는 가고 싶지 않습니다. 당신의 재가 든 납골함을 받아들지 않을 겁니다. 캐슬린 페리어의 노랫소리가 들려옵니다.

세상은 텅 비었고, 나는 더 살지 않으려네.

그러다 나는 잠에서 깨어납니다. 당신의 숨소리를 살피고, 손으로 당신을 쓰다듬어봅니다. 우리는 둘 다, 한 사람이 죽고 나서 혼자 남아 살아가는 일이 없기를 바랍니다. 우리는 서로에게 이런 말을 했지요. 혹시라도 다음 생이 있다면, 그때도 둘이 함께하자고.

2006년 3월 21일~6월 6일

© Daniel Mordzinski

D에게 보낸 편지

도린과 앙드레의 사랑과 삶 | 강수돌
텅 빈 세상에서, 떠난이의 글을 읽기다 | 임희근

학고재

도린과 앙드레의 사랑과 삶

강수돌

(고려대 경영학과 교수)

앙드레 고르André Gorz, 내가 그 이름을 처음 들은 건 아마도 1985년 노사관계 분야를 공부하던 대학원 시절이었던 것 같다. 그는 이미 1975년에 「생태론과 정치」(우리나라에는 「에콜로지스트 선언」으로 소개되었다)라는 글에서 생태주의 시각으로 기존의 자본주의 비판을 한층 심화했다. 1980년에는 『프롤레타리아여, 안녕』을 집필해 노동운동가 및 이론가들 사이에 커다란 논쟁을 불러일으켰다. 솔직히 말해 나는 당시 그런 작품을 제대로 읽지도 않은 채 막연히 '노동 계급에게 "안녕!"을 고하는 것은 노동자에 대한 배신이 아닌가' 하는 생각과 더불어 '계급 문제를 제치고 생태주의로 가는 것은 이론적 퇴행 혹은 보수화가 아닌가?' 하고 생각했다. 그러고는 고르에 대해 차분히 공부도 하지 않은 채, 내 '고집'대로 계급 문제에 대한 해결책을 찾고자 노사관계를 계속 공부해나갔다.

그의 이름을 다시 들은 것은 독일 유학 중이던 1991년이었다. 브레멘 대학의 하이데 교수가 고르의 책(독일어판)을 보여주며 한번 읽어보라고 했다. 제목은 '이제는 어디로? 진보 세력의 미래'였다. 고르가 이미 1983년 『유토피아로 가는 길』에서 제시한 '노동시간 단축론'을 더 심화해, 이를 소비 축소 및 사회 공공성 강화와 결합하는 것이 진보세력이 할 일이란 내용이었다. 그의 이론을 사상적 경향으로 보면 생태사회주의 또는 사회생태주의다. 그는 노동이나 사회 이론, 생태주의와 관련해 수많은 글을 발표하며 공적 활동을 활발히 벌였지만, 그의 사적 생활은 거의 알려지지 않았다. 그러나 사적인 차원의 따뜻한 사랑 없이는 왕성한 철학적, 저널리즘적, 정치적 작업도 거의 불가능했을 것이라는 '고백'

을 앙드레 고르는 삶을 마감하기 직전에 했다.

생각건대, 서로의 진실한 사랑이 그 내면의 깊은 상처를 하나씩 치유해나가자 각자는 자신을 사랑할 수 있게 되었고 그것은 상호 사랑으로 넘쳐흘렀으며 이것은 다시 '사회 사랑'으로 승화되었다. 고르가 노동자는 물론 실업자에게까지 관심을 가지면서 모두의 '노동해방'을 위해 평생 보장 소득이나 노동시간 단축, 일자리 나누기(더 짧게 더 잘 그리고 다양하게 일하기), 문화사회 등의 비전을 제시한 것도 바로 이런 사랑이 바탕에 있었다고 본다.

그는 2007년 9월 22일, 불치병에 걸려 1983년부터 무려 24년간 고생한 아내 도린과 함께 60년간의 동반자 생활을 마무리했다. 2006년 가을에 프랑스에서 출판된 뒤 크게 주목받은 『D에게 보낸 편지_어느 사랑의 역사』의 독일어 번역본이 2007년 9월 출판된 직후였다. 결혼을 잘 하지 않거나 쉽게 이혼하는 서양 풍토에 견주어 이들은 매우 '예외적'이었다. 게다가 죽음 앞에서 두려움에 떨거나 거기서 벗어나려고 발버둥치는 풍경에

비추어 이들은 매우 '자율적'이었다. 그리스 신화에 따르면 부부가 같이 죽는 것은 '신이 내린 선물'인데, 그런 뜻에서 고르 부부는 신의 선물을 '자율생산'한 셈이다. 그것은 고르가 "밤이 되면 가끔 텅 빈 길에서, 황량한 풍경 속에서, 관을 따라 걷고 있는 한 남자의 실루엣을 봅니다. 내가 그 남자입니다. 관 속에 누워 떠나는 것은 당신입니다. 당신을 화장하는 곳에 나는 가고 싶지 않습니다. 당신의 재가 든 납골함을 받아들지 않을 겁니다"(89~90쪽)라고 솔직히 말한 대로, 사랑하는 이를 먼저 보내는 고통을 도저히 참을 수 없었기 때문이리라.

고르는 이 책 마지막에 "우리는 둘 다, 한 사람이 죽고 나서 혼자 남아 살아가는 일이 없기를 바랍니다. 우리는 서로에게 이런 말을 했지요. 혹시라도 다음 생이 있다면, 그때도 둘이 함께하자고"(90쪽)라고 썼다. 서로 만난 지 60년, 결혼한 지 58년 만에 이 부부는 시골 마을 정든 집에서 마치 잠자듯 침대에 나란히 누워 주사를 맞은 뒤 오랜 삶을 자유의지로 마감했다.

그들이 처음 만난 것은 마치 동화와 같다. 1947년 가을, '외로움'에 떨던 고르는 스위스 로잔의 어느 카드게임장에서 우연히 도린 케어Doreen Keir를 보고 첫눈에 반한다. 당시 영국에서 스위스에 온 지 얼마 되지 않은 도린에게 세 남자가 호감을 사고자 포커게임을 서로 가르치려 들었다. 고르는 속으로 '내가 넘볼 수 없는 여자군' 하고 생각했다. 한 달쯤 지나 하얀 눈이 흩날리던 거리에서 고르는 놀랍게도 도린을 만난다. 고르가 쑥스러운 듯 함께 춤추러 가겠느냐고 물었을 때, 도린은 "와이 낫!(좋아요)"이러며 시원스레 응했다. 1947년 10월 23일이었다.

스물네 살의 총각과 스물세 살의 처녀, 젊어서 아름답고 건강해서 아름다운 이들은 알고 보니 둘 다 '상처받은' 영혼이었다. 두 사람의 삶을 휘감은 공통분모는 '존재의 불확실성'이었다. 그래서 둘은 더욱 친밀한 사랑에 빠진다. 공기를 호흡하듯 사랑을 호흡했다. 그들에게 사랑은 치유의 원천이자 삶의 희망이었다.

영국 출신인 도린은 어릴 적부터 어머니가 떠나버린 상태에서 친부도 없이 '대부' 아래서 자랐다. 고아 아닌 고아였다. 따뜻한 사랑을 풍성하게 받지 못하고 자란 도린에게 삶은 고통이자 공허 그 자체였다. 하물며

나라에 대한 사랑 같은 것이 싹틀 리도 없었다. 오직 믿을 것은 자신뿐이었다. 제2차 세계대전 후 폐허가 된 유럽대륙으로 건너가 스위스를 모험하듯 여행한 것도 삶의 의미를 찾고자 몸부림치던 과정일 뿐이었다. 그러나 도린은 어두운 과거를 지녔음에도 대체로 밝고 예리하며 늘 미소를 머금고 있어 매력적인 인상을 지녔다. 특히 고르에게 도린은 '최고로 아름답고 재치 넘치는' 영혼의 짝이었다.

고르는 원래 오스트리아 빈 출신으로 본명은 게르하르트 히르쉬였다. 가톨릭계 어머니와 목재상이던 유대인 아버지 사이에 태어났다. 1923년 이후 독일에서 나치가 반유대주의를 내걸고 한창 발흥하던 시기라 1930년 아버지는 어머니의 걱정에 못 이겨 가톨릭으로 개종함과 동시에 성을 호르스트로 바꾼다. 일곱 살이던 고르는 본의 아니게 '창씨'를 당한 셈이다. 어린 시절 집안 분위기는 원만하지 못했다. 당연히 성장 과정이 행복할 리 없었다. 고르는 그 고통을 애써 잊기 위해 여기저기 기웃거리기도 했는데, 예컨대 열두 살엔 엄격한 가톨릭교회에 가보기도 하고 열세 살엔 나치에 호기심을 갖기도 했다. 좀 더 자란 뒤엔 사르트르의 실존주의에 심취하기도 한다. 제2차 세계대전이 시작되던 1939년, 열여섯 살의 고르는 스위스 로잔으로 여행을 갔다. 그러나 나치의 박해가 심해 위험하니 돌아오지 말라는 부모님의 말에 고르는 그대로 주저앉았다. 비공식 '망명'이었다. 거기서 그는 제라르 호르스트로 '개명'한 채 '무국적' 상태에서 화학공학을 공부한다. 돈도 없고 전망도 없고 소속도 없다는 두려움이 그를 덮쳤다. 1946년, 고르는 어느 특별 강연회에서 사르트르를 처음 만난다. 그 뒤 그는 '도덕철학'을 계속 공부하라고 권한 사르트르를 스승이자 친구로 삼는다. 특히 파시즘 광란 이후의 상처와 혼란, 우울은 그로 하여금 사르트르 철학 속에서 '위안'을 찾게 했다. 그들은 1968년까지 지적 교류를 활발히 한다. 그렇게 그는 제도권 '밖에서' 자신을 철학자로 단련해나갔다. 일종의 자율적 '홈스쿨링'이었다.

1949년 고르는 영국 아가씨 도린과 결혼을 하고 둘은 곧 프랑스로 떠난다. 기자로서 그는 〈파리 프레스〉와 〈레 탕 모데른〉, 〈렉스프레스〉에 글을 쓴다. 필명은 '미셸 보스케'였다. 1954년엔 '앙드레 고르'란 이름으로 프랑스 국적을 얻고, 1964년엔 진보 성향의 시사주간지 〈누벨 옵세르바퇴르〉를 장 다니엘과 공동 창간해 1983년까지 일한다.

앙드레 고르. 게르하르트 히르쉬에서 제라르 호르스트, 미셸 보스케를 거쳐 앙드레 고르에 이르기까지 수차례 '창씨개명'을 한 그는 정체성이 불안정했다. '고르'란 성은 원래 아버지의 유품인 쌍안경이 제작된 장소 괴르츠Görz였다. 이탈리아 북부 알프스 기슭의 이 작은 도시는 본디 슬로베니아 땅이었고, 오랫동안 오스트리아의 지배를 받았다. 모든 경계가 그렇듯 이 경계의 땅은 모두의 땅이자 누구의 땅도 아니었다. 그는 이 도시의 경계성이 망명자로서의 자기 정체성과 닮았다고 보아, 자기 성을 '고르'로 정한다. 더 이상 아버지 성을 쓰지 않은 것은 아버지에 대한 증오 때문이었다. 여기에다 흔히 쓰는 프랑스 이름 '앙드레'를 붙였다. 20세기 후반, 생태정치론과 문화사회론의 선구자 '앙드레 고르'는 이렇게 탄생했다.

그의 첫 저작은 1958년 펴낸 실존주의적 자서

전 『배반자』이다. 사르트르가 서문을 쓴 이 책에서 그는 자신을 "세상에서 철저히 버림받은 쓸모없는 존재"라고 분석한다. 어느 날 학교에서 같은 반 아이가 유대인이 그려진 포스터를 보여주며, "이게 너희 아버지라며?" 하고 묻자, 그는 자신이 보통사람과 다르다는 사실에 자기 정체성이 갑자기 무너지는 느낌을 받는다. 게다가 그는 부모의 따뜻한 사랑을 받지도 못한 채 어느 누구와도 일체감을 느낄 수 없었다. 어린 시절에 엄마가 쌀쌀맞게 "너 또 우물우물 말할래?"라며 혼내던 일만 두고두고 기억날 뿐이다. 오스트리아에서 스위스로, 다시 프랑스로 이주한 뒤 귀화해서 '뿌리 뽑힌' 삶을 사는 고르에게 존재의 정체성 문제는 늘 고통이었다. 하지만 그는 이 책에서 자기 고유의 힘겨운 존재를 있는 그대로 껴안기보다는 추상적 성찰 속으로 도피하려 한다. 만일 도린과의 사랑이 없었다면 그는 아마도 영원히 '자기 배반'의 삶을 살았을지 모른다. 따라서 고르 같은 삶은, '나는 사랑한다, 고로 존재한다'라고 해야 옳다. 이렇게 사랑 속에서 정체성을 찾는 경우 국가적 정체성은 중요하지 않다. 이제, 고르가 모국에 대한 배반자가 아니라 모국이 고르에 대한 배반자가 된다.

그런데 흥미롭게도 그는 첫 저작 『배반자』에서 아내 도린과의 사랑 덕에 자기 삶의 실존적 전환, 즉 불안한 정체성을 바로잡게 되었다는 말을 하지 않는다. 오히려 도린을 '동정심을 자아낼 정도로 불쌍하고 나약하며 의존적인' 인물 케이로 이상하게 그렸다. 자신이 도린에게 진짜 '배반자'가 되어버린 셈이다. 또 평생 이어진 도린의 헌신적 지지야말로 고르가 숱한 저술 활동을 할 수 있었던 밑거름이었음에도 그의 이론이나 저작 속에 도린의 이야기는 거의 없다. 그래서 지난 50년간 쌓인 마음의 빚을 갚기 위해 고르는 삶을 '완성'하기(죽음) 직전에 쓴 마지막 책 『D에게 보낸 편지』에서 사랑과 감사의 고백을 충분히 한다. 그는 독일방송 드라이자트3sat와의 인터뷰에서 이렇게 말했다. "내가 편지에서 살려내고 싶었던 건, 우리의 유일한 재산이 바로 인간적 감수성이란 점입니다." 그리고 이렇게 덧붙였다. "도린은 나로 하여금 나 자신과 화해하도록 도왔습니다. 이는 성공적이었는데, 그건 내가 도린을 진심으로 사랑했기에 가능했지요." 생의 마지막 순간, 고르는 도린 앞에 정직해지고 싶었다. 그것은 자신에 대해서도 마찬가지였다. 1990년에 고르는 독일 신문 〈타게스차이퉁〉과의 인터뷰에서 "질문하고, 놀라고, 의심하고 분노하는 것(인간적 감수성: 필자)은 삶의 원동력이자 마음의 문을 여는 길이다"라고 강조했다.

1969년 고르는 사르트르에 이어 〈레 탕 모데른〉의 책임을 맡아 1974년까지 일한다. 당시까지 고르는 노동자 계급의 자율성을 믿고 공장 노동자들이 노동과정을 자주적으로 관리하는 것이 바람직하다는 시각을 가졌다. 그러나 1956년 헝가리 혁명의 좌절, 1968년 혁명의 실패와 프랑스 공산당의 배신, 통제 교육과 자발성 훼손에 기초한 자본주의 생산과 소비 시스템의 강화, 그리고 사르트르-보부아르 부부와의 친교, 이반 일리치와의 교류 등을 거치면서 1970년대 이후로 사고의 틀을 많이 바꾼다. 『프롤레타리아여, 안녕』은 그 한 결과다. 이제 노동계급 중심성이나 공장 중심성 대신 생산과정 및 경제의 '외부에서' 사회 진보를 찾아야 함을 강조한다. 자유의 왕국은 물적 과정의 결과로 필연적으로 도래하는 것이 아니라 인간의 자발적 의지와 행위로 만들어 내는 것이라고 보았다. 기존 노동 계급보다는 실업자나 불완전 노동자, 즉 '비-노동자, 비-계급'이 사회 진보의 주체적 역할을 할 수 있다는 것이다. 그래야 자신을 위한 노동, 자율 활동이 가득한 '자유의 왕국'을 열 수 있다는 것이다.

고르가 안정적 수입이 보장되지 않는 기자 생활(상근직 기자 역시 수입이 불규칙적이었다)을 하며 글쓰기로 푼돈을 버는 사이, 도린은 살림살이를 위해 여러 가지 일을 한다. 연극도 하고 허드렛일도 했다. 또 영어를 가르치기도 하고 출판사에서 저작권 담당자로도 일했다. 기자인 남편을 위해 자료를 정리하기도 하고 조사도 했다. 원고 교정은 물론 철학적 비판을 하기도 했다. 그러면서도 도린은 사교적이었고 늘 표정이 밝았다. 자기 결정과 독립성 등 고르가 이론적으로 강조한 것을 도린은 이미 실천하고 있었다.

1983년, 도린은 예전 허리디스크 수술 때 엑스레이 촬영을 위해 투여한 혈관 조영제의 부작용으로 거미막염이라는 치명적인 질병에 걸린 것을 알게 된다. 이 사실을 '인정'한 고르는 도린을 성심껏 돌보고자 '벌이 노동'을 하던 파리를 떠나 도린과 함께 시골로 간다. 고르가 어느 인터뷰에서 고백하듯, 도린이 없으면 '다른 모든 것은 무의미하고 무가치'하다고 보았기에 고르는 '좀 더 본질적인 것에 집중하기 위해 비본질적인 것들을 포기'해야만 했다. 그리하여 삶을 미래로 자꾸 미루지 말고 가능한 한 매 순간 완전한 삶을 살기 위해 고르는 초심으로 돌아간다. 이제 검소한 살림, 유기농 자급자족, 여유로운 시간, 나무 가꾸기, 진솔한 대화, 저술 활동, 친교 활동 같은 것이 그들의 삶을 재구성했다. 생태주의는 그들에게 삶의 방식이자 일상적 실천이 되었다. 도린은 자신들이 "가난했어도 누추하게 살지는 않았다"라고 했다. '삶이 최고의 풍요'이기 때문이다. 결국 그들에게 사랑과 죽음은 같은 것이었다. 마치 사랑$_{l'amour}$과 죽음$_{la\ mort}$의 프랑스어 발음이 비슷하듯 말이다. 보농이라는 마을에서 고르는 도린을 사랑으로 돌보았고, 또 서로 사랑을 느끼며 죽을 때까지 왕성한 글쓰기를 했다. 1983년부터 2006년까지 고르는 책을 여섯 권이나 내고 짧은 글을 수백 편 발표했으며 수십 차례 인터뷰를 했다. 하지만 (수술하려다 되레 치명적 병을 얻는) '기술의 과잉 속에 인간적 결핍'이 나오듯 '이론의 과잉 속에 인간적 결핍'이 생기지 않도록 늘 유의했다. 그들에게 사랑과 저작, 생활, 죽음은 모두 같은 뜻이었다.

그들은 깊이 사랑했으되 아이는 갖지 않기로 했다. 고르는 〈리베라시옹〉과 인터뷰하면서 "내 생각에는 어릴 때 좋은 아버지를 두었던 사람이 나중에 좋은 아버지가 되는 것 같다. 나는 아버지와 관계가 좋지 못했기에 좋은 아버지가 되기 어렵다. (…) 우리에게 아이가 있었다면 나는 틀림없이 도린이 아이에게 쏟는 사랑을 질투했을 것이다. 나는 그녀를 독차지하고 싶었다"라고 고백한 바 있다. 고르는 도린과 나눈 사랑으로 아이 대신 많은 저작과 편지를 낳았고, 이것은 사회운동과 많은 사람들에게 지속적 영향을 끼치며 부드러우면서도 강한 흔적을 남겼다. 따라서 고르의 작품들은 그가 생의 마지막에 고백하듯 도린과의 공동 작품이기도 하다. 도린이 늘 고르 곁에서 대화하고 고쳐주고 격려하는 일을 했기 때문이다. 그들은 서로에게 힘이 되었다. 살아 있는 연대가 이런 것인가.

감동적 사랑 고백이자 예술적 유언서이기도 한 그의 마지막 작품은 이렇게 시작한다. "당신은 곧 여든두 살이 됩니다. 키는 예전보다 6센티미터 줄었고, 몸무게는 겨우 45킬로그램입니다. 그래도 당신은 여전히 탐스럽고 우아하고 아름답습니다. 함께 살아온 지 쉰여덟 해가 되었지만, 그 어느 때보다도 더, 나는 당신을 사랑합니다."(6쪽) 아마도 삶의 마지막 순간에 그들은 마당에서 따뜻한 가을 햇살을 쬐며 사랑의 공기를 흠뻑 마셨을 것이다. 그리고 나중에 한 줌의 재가 되어 마당 한쪽 나무 아래 거름으로 돌아갈 것을 다짐했을 터이다.

진실한 사랑은 그들의 상처 난 삶을 회복시켜준 치유제이자 그 삶을 행복하게 이어준 영양제였으며 삶을 아름답게 마무리해준 마감재이기도 했다. 둘은 삶에서도 연대했지만 죽음에서도 연대했다. 사랑의 편지가 육체의 죽음보다 훨씬 강한 힘이 있음을 둘은 온전히 보여준다. 죽음조차 그들의 사랑을 떼어놓지 못하기 때문이다. 같이 살고 같이 죽은 도린과 앙드레의 명복을 빈다. 마찬가지로 우리 모두의 사랑과 연대 그리고 행복을 빈다.

▪▪옮긴이의 말

텅 빈 세상에서, 떠난 이의 글을 옮기다

진보적이고 양심적인 한 사람의 84년간의 결곡한 삶의 궤적이 이 한 권의 '편지'에 고스란히 담겼다. 일생 철학자로, 생태주의자로, 또 언론인으로 수많은 논저와 기사에서 남긴 많은 글에 미처 담지 못했던 것이, 아니 단 몇 줄을 '잘못' 썼던 것이 못내 마음에 남아, 그 모든 글들보다도 훨씬 소중했던 아내에게 남긴 글이다. 글은 사람이다. 글쓴이가 어떠한 사람이었는지에 대해 구태여 췌언이 필요 없다. 이 편지를 읽으면 누구든 알게 될 것이다. 그가 자기가 남기는 말 한 마디 한 마디에 부합하고자 한 진정한 양심의 소유자였다는 것을. 인간의 가장 사적이고 내밀한 영역인 사랑에서조차도.

팔순의 고르 부부가 파리 동쪽 시골 마을 보농에서 한날 한시에 생을 마감한 사실을 미처 알지 못했던 나는, 어느 날 학고재 손철주 주간이 이 책에 관해 얘기한 것을 계기로 그들의 삶을 처음 접하게 되었다.

이 부부의 동반자살 이야기를 들었을 때에는 '아무리 그런 사정이더라도, 삶을 그리 인위적으로 버릴 만큼 독한 맘을 먹었을까…' 하는 아쉬움과 함께, 십여 년 전 읽은 핀란드 작가 타우노 일리루시의 소설 『지상에서의 마지막 동행』이 생각났다. 불치병에 걸린 배우자에 대한 사랑으로 끝내 함께 죽음을 결행하는 그 소설의 마지막이 안쓰러우면서도 좀 섬뜩하게 느껴졌었기에, 이번 이야기를 듣고도 '아 여기 실제로 그런 부부가 있구나…. 왜 아픔을 껴안고라도 주어진 삶을 끝까지 감당하지 그랬을까' 하는 생각이 스쳤다.

그러나 막상 이 책을 받아들고 번역하면서(지금까지 이렇게 받자마자 단숨에 번역한 책은 없었다) 그런 생각은 바뀌었다. 어느 눈 내리던 날, 숫기 없는 청년의 "춤추러 갈까요?"라는 프러포즈로 시작하여 "혹시라도 다음 생이 있다면, 그때도 둘이 함께하자"는 절절한 사랑고백으로 끝나는 이 두 사람의 특별한 인연. 어느 부부가 이처럼 살고 이처럼 죽을 수 있을까? 어느 부부가 이처럼 사랑을 그저 수식어나 겉치레가 아닌 삶 (또한 죽음) 자체로 구현할 수 있었을까? 태생적으로 어느 세상에도 뿌리내리지 못했던, 부재를 통해 실존할 수 있었던 앙드레 고르(이자 게르하르트 호르스트이자 미셸 보스케. 그러나 이 어떤 이름보다도 도린의 남편 '제라르'로 살았던 남자).

공허와 무를 자기 것으로 체득하고 스스로 부재함을 즐기며 글을 쓴 그의 귓전에 끝내 맴돌던 노래. "세상은 텅 비었고, 나는 더 살지 않으려네." 만약 그가 이 가사 대신 이렇게 노래 불렀다면 어땠을까. "세상은 텅 비었으나 숨 닿는 데까지 살아보려네." 아쉬움은 있지만, 그래도 아니다. 숨이 멈추는 끝을 스스로 정하고 이승을 떠난 그. 생의 고苦를 자기 손으로 마감한 설정 또한 그가 타고난 인연(운명)은 아니었을까.

그렇지 않았다면 파리에서 동쪽으로 150킬로미터 떨어진, 그가 사랑하는 아내와 함께 살던 보농 마을에서 8천여 킬로미터 더 떨어진 이곳 서울에서 늦가을

낙엽 서걱대는 소리를 들으며 그의 편지를 밤새워 한국말로 옮길 인연이 내게 주어지지 않았을지도 모른다. 한 지식인이 전 생애를 담아, 전 존재를 실어 간절히 쓴 이 편지를 번역하고서야 비로소 그의 저작「에콜로지스트 선언」에 제대로 주목해보게 되었다. 고르는 『D(가장 귀한 그의 도린)에게 보낸 편지』로써 'Dumb'하고 'Dull'한 현대인의 일상을 깨워주기도 한 것이다. 인터넷이 창조하는 정보의 흐름이 사회를 주도하게 될 미래(우리의 현재)를 예견하면서도 그는 이렇게 말했다.

"도대체 왜 끊임없이 더 많이 생산할 필요가 있는 것일까? 문제는 소비의 증가 추세를 그치게 하는 것이 아니라 점점 덜 소비하도록 하는 것이다. 미래의 후손을 위해 자연의 축적물을 절약하기 위해서는 이 이외의 방법이 없다는 것이다. 바로 이것이 생태학적 리얼리즘이다."(「에콜로지스트 선언」에서)

많은 말을 늘어놓지 않고도, 그는 이 작은 책『D에게 보낸 편지』에서 할 말을 다 하고 떠났다. 생전에는 이 책을 영어(그녀의 모국어)로 번역하지 말아달라고 부탁했던 아내 도린의 심정도 문득, 이해가 간다. 이제

사후에 여러 나라 언어로 번역된 이 책을 그들의 영혼은 기꺼워할까? 어떻든 저자가 지상에 남긴 마지막 책을 번역함으로써 그의 진심을 전할 수 있게 된 것을 고마워하며, 이제 자연으로 돌아간 두 분의 생애에 경의를 표한다. 책이 나오기까지 세심하게 정성을 기울인 학고재에도 감사드린다.

2007년 11월
임희근

세상은 텅 비었고, 나는 더 살지 않으려네.
우리는 둘 다
한 사람이 죽고 나서 혼자 살아가는 일이 없기를 바라네.